Köstliches aus der alten friesischen Küche

Renate Meier

Köstliches aus der alten friesischen Küche

Spezialitäten aus West-, Ost- und Nordfriesland

KOMET
Edition Kock

Sonderausgabe für KOMET, Frechen

Gesamtherstellung: KOMET, Frechen

Vorwort

Gerade heute, in einer Zeit, in der sich die Gastronomie, aber auch unsere Hausfrauen gern für ausländische Eß- und Trinkgewohnheiten interessieren und fremdländische Gerichte in ihr Repertoire aufgenommen haben, ist es unser Anliegen, die heimische Küche wieder mehr in unser Bewußtsein zu rücken.
Wir wollen feststellen, ob nicht auch hier „verborgene Schätze" ruhen, die es sich zu heben lohnt, um unseren gewohnten Speisezettel mit den alten Gerichten unserer Großmütter zu bereichern - Gerichte, die wir teilweise noch aus unserer Jugendzeit her kennen, deren Namen wir jedoch vergessen haben.
Die alte friesische Küche trägt nicht nur den Gegebenheiten des Klimas und des Bodens Rechnung, sondern auch der harten körperlichen Arbeit, die die Friesen beim Deichbau seit dem 10. Jahrhundert und auf See verrichteten. Die rauhen Seewinde und das naßkalte Wetter verlangten viel „Brennmaterial" für den Körper bei der schweren Arbeit. Das Essen war entsprechend, und fast immer gehörte ein ordentliches Stück Speck dazu. Bemerkenswert ist die Kombination von fett und süß wie z. B. bei der Speck-Sirup-Sauce. Grütze und Grützbrei mit Wasser, Milch oder Saft gekocht, waren das Hauptnahrungsmittel. Die Nordfriesen haben den Breitopf sogar in ihr Wappen aufgenommen.

Mit diesem Buch wollen wir nicht den Anspruch auf Vollständigkeit erheben, sondern Ihnen lediglich eine „Kost-Probe“ der interessantesten Gerichte geben.
Gleichzeitig ist es unser Wunsch, unsere Leser dazu zu animieren, weitere friesische Koch- oder Backrezepte „aufzustöbern“ und uns einzusenden, damit unsere Sammlung für eine spätere Nachauflage weiter vervollständigt werden kann.

Autorin und Herausgeber

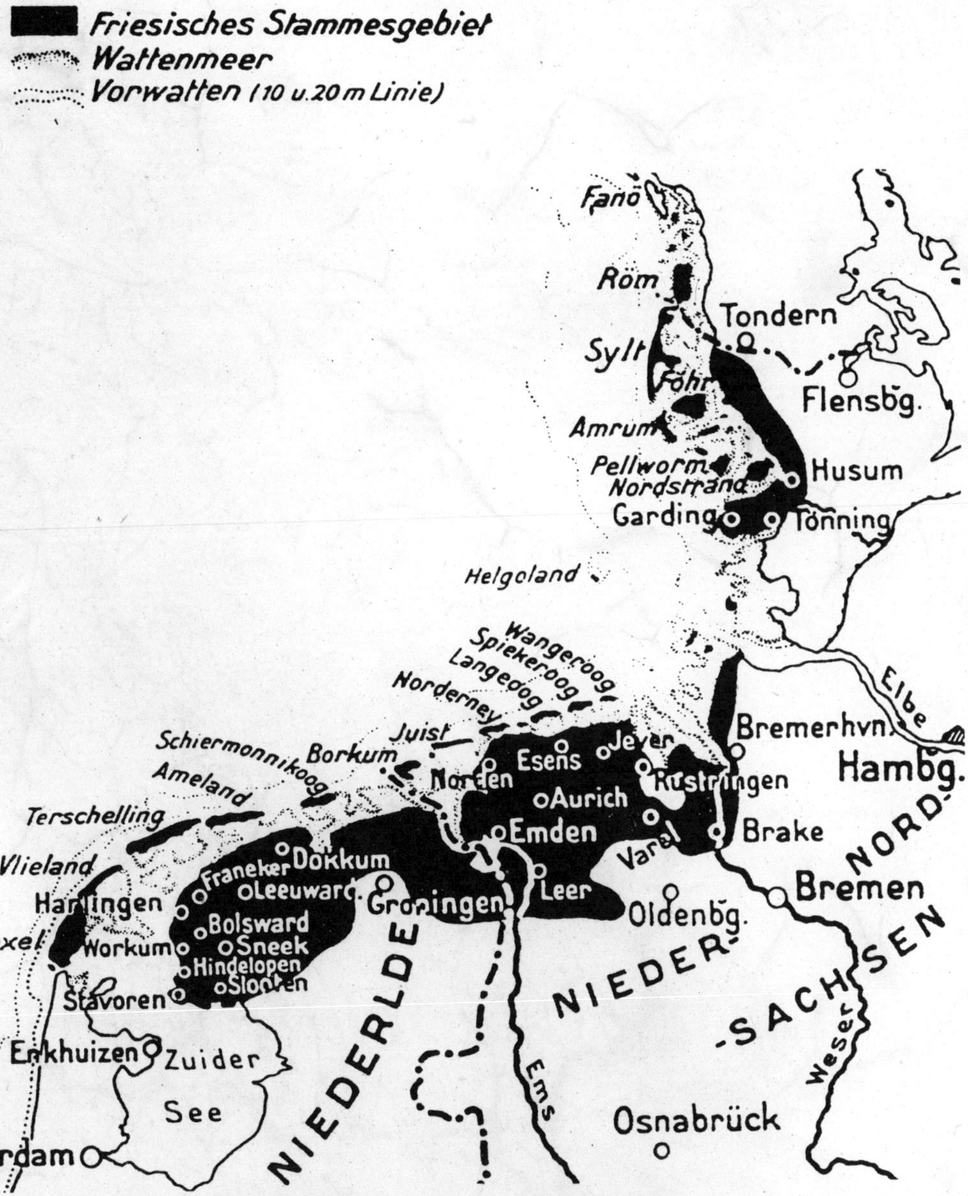
Friesisches Stammesgebiet
Wattenmeer
Vorwatten (10 u. 20 m Linie)
Fanö
Röm
Tondern
Sylt
Föhr
Flensbg.
Amrum
Pellworm
Nordstrand
Husum
Garding
Tönning
Helgoland
Wangeroog
Spiekeroog
Langeoog
Norderney
Juist
Borkum
Schiermonnikoog
Ameland
Terschelling
Vlieland
Harlingen
Texel
Elbe
Bremerhvn.
Hambg.
Esens
Jever
Norden
Rustringen
Aurich
Emden
Varel
Brake
Dokkum
Franeker
Leeuward.
Groningen
Leer
Bremen
Oldenbg.
Bolsward
Sneek
Workum
Hindelopen
Sloten
Stavoren
Enkhuizen
Zuider
See
Amsterdam
NIEDERLDE
NIEDER-
-SACHSEN
NORD-
Ems
Weser
Osnabrück

Inhalt:

Suppen und Eintöpfe

Grützen und Mehlspeisen

Meeresfrüchte

Gemüse- u. Fleischgerichte

Nachspeisen

Gebäck

Getränke

Suppen und Eintöpfe

Buttermilchsuppe – ostfriesische Art

Milchsuppen wurden in Friesland seit alters her gern gegessen. Es gab die verschiedensten Zubereitungen, mal mit Vollmilch, mal mit Buttermilch, mal mit Grieß oder Graupen – hier das Rezept einer Suppe, die mit Graupen eher als Brei zu bezeichnen ist und mit Sirup statt mit Zucker gesüßt wird.

1 Liter Buttermilch, 125 g Graupen, 1 Prise Salz, Sirup nach Geschmack.

Die Buttermilch mit den vorher gewaschenen und abgetropften Graupen in einem Topf zum Kochen bringen. Eine Prise Salz zusetzen und etwa 1 Std. lang schwach kochen lassen, dann mit Sirup abschmecken.

– nordfriesische Art als Kaltschale

1 Liter Buttermilch, 1/4 Liter Sahne, 2 Eßl. geriebenen Zwieback, 2 Eßl. geriebenes Schwarzbrot, Zucker nach Geschmack.

In einer Bratpfanne zunächst das geriebene Schwarzbrot anrösten, mit Zucker verrühren und das Gemisch erkalten lassen.
Die Buttermilch mit der Sahne verrühren, in die Suppenteller jeweils einen Teil der Zwiebackbrösel hineingeben, die Buttermilch darüberschütten und dann die Suppe mit dem gerösteten Zuckerschwarzbrot bestreuen.

Roggenmehlflupp – ostfriesische Art

„Wenn't dreemal fluppt is gar!"

1 Liter Wasser, 100 g Roggenmehl, 1 Prise Salz, 3/4 Liter Milch, 4 Eßl. Zucker.

Das Wasser zum Kochen bringen und das Roggenmehl hineinrühren und bei mittlerer Hitze kochen lassen. Dann mit Salz abschmecken und in die Teller gießen. Milch zum Kochen bringen, jeweils darübergießen und mit Zucker bestreuen.

Melkkumme

Zuip en Brood

oder Buttermilchsuppe mit Brot – westfriesische Art

1 Liter Buttermilch, 2 Scheiben Roggenbrot, 2 Scheiben Roggenzwiebäcke, 200 g Korinthen, 1 Eßl. Anissamen, Sirup oder Zucker.

Die Buttermilch zum Kochen bringen und die zerbröselten Brotscheiben hineingeben, die gewaschenen Korinthen sowie Anissamen unterrühren und eine gute Stunde kochen lassen.
Heiß mit Sirup oder Zucker servieren.

Milchkocher mit Deckel

Mehlverkauf in Westfriesland

Krabbensuppe

Krabben werden auch Garnelen oder Granat genannt.

500 g Krabben (mit Schalen gewogen), 2 Liter Waser, 80 g Mehl, 40 g Butter, Salz, Pfeffer, 3 – 5 gelbe Wurzeln.

Die Krabben schälen und zunächst die Schalen zusammen mit den gelben Wurzeln so lange kochen, bis die Schalen keine Farbe mehr haben.
Dann eine Mehlschwitze aus dem Mehl und der Butter bereiten und die durchgesiebte Schalenbrühe nach und nach dazugießen.
Schließlich mit Salz und Pfeffer abschmecken und die Krabben sowie die geschnittenen gelben Wurzeln dazugeben.

Krabbenkutter

Ostfriesische Fischsuppe

Eine einfach Fischsuppe aus dem Sud von Fischresten, Gräten und Flossen.

250 – 500 g Fischreste, 1/2 Liter Milch, 1 Zwiebel, 1 Knoblauchzehe, 1/2 Liter süße Sahne, etwas Butter, 1 gehäufter Eßl. Mehl, Salz, Pfeffer.

Die Fischreste mit der Milch und etwa 1/2 Liter Wasser zum Kochen bringen.
Zwiebel, Knoblauch, Salz und Pfeffer dazugeben und etwa 1/4 Std. kochen.
Dann durch ein Haarsieb geben, die Sahne unterrühren und mit dem Mehl binden. Etwas Butter dazugeben und nochmals kurz aufkochen lassen.

Reuse aus Netzzeug oder Korbgeflecht, mit d. Öffnung gegen das ablaufende Ebbewasser aufgestellt

Nordfriesische Fischsuppe

schmeckt am besten, wenn man viele verschiedene Fische dazu nimmt!

800 g Seefisch (verschiedene Sorten), Salz, 1/8 Liter Zitronensaft, 1/2 Liter Wasser, 1/2 Liter Fischbrühe, Knoblauch, Pfeffer, 1 Zwiebel, 250 g Suppengemüse (Petersilienwurzeln, Möhren, Tomaten, Lauch), 1/8 Liter Olivenöl, 1/4 Liter Weißwein, 1 Teel. Speisestärke, 250 g Krabben, je 1 Eßl. gehackter Schnittlauch, Dill und Petersilie, etwas Butter.

Den küchenfertigen Fisch (ohne Köpfe, Flossen, Schwänze und Gräten) abspülen und trockentupfen. Mit Zitronensaft beträufeln, salzen und etwas ziehen lassen.
Wasser mit der Brühe und den Gewürzen zum Kochen bringen, den in Stücke geschnittenen Fisch darin etwas ankochen. Den Fisch herausnehmen und warm stellen. Den Sud durch ein Sieb geben.
Die abgezogene und in Würfel geschnittene Zwiebel sowie das geputzte und kleingeschnittenen Gemüse in Öl kurz dünsten, den Fischsud aufgießen und bei schwacher Hitze etwa 1/4 Std. ziehen lassen. Den Weißwein dazugeben und die Suppe mit der Speisestärke binden. Mit den Gewürzen abschmecken. Nun die Fischstücke sowie die Krabben in die Suppe geben und kurz aufkochen lassen. Die gehackten Kräuter darübergeben.

Küchenherd um 1900

Aalsuppe

wie man sie an der gesamten Nordseeküste kennt – in den Zutaten unterscheiden sich die verschiedenen Rezepte geringfügig.

2 kleine Aale (je 250 g), 1 Schinkenknochen mit Fleischresten, 1 Zwiebel, 1 Bund Suppengrün, 1 Liter Fleischbrühe, 250 g Sellerie, 300 g Möhren, 1 Stange Lauch, 300 g Erbsen, 400 g gemischtes Backobst, Essig, Zucker, je 1 Teel. Majoran, Salbei, Petersilie, Rosmarin und Thymian, 1/8 Liter Weißwein.

Den Schinkenknochen etwa 10 Minuten in einem Topf mit ausreichend Wasser bedeckt kochen.
Das geputzte und in grobe Würfel geschnittene Suppengrün, die abgezogene ganze Zwiebel und die Fleischbrühe dazugeben und etwa 1 Stunde kochen lassen.
Knochen, Suppengrün und Zwiebel aus der Suppe nehmen, das Fleisch vom Knochen lösen und kleingeschnitten wieder in die Suppe geben. Suppengrün und Zwiebel fortwerfen! Die Suppe über Nacht kalt werden lassen und das Fett abschöpfen. Nun das übrige Gemüse putzen und in Stücke schneiden und die Erbsen enthülsen. Das Backobst in Wasser quellen lassen.
Das Gemüse und Backobst in die Suppe geben und 20 Minuten kochen lassen. Mit Essig und Zucker süßsauer abschmecken und mit den frischen Kräutern würzen.

Schließlich die Aale gut waschen, in Stücke schneiden, im Weißwein und 1/8 Liter Wasser etwa 10 Minuten garen. Dann die Aalstücke häuten, entgräten und zusammen mit dem Kochfond in die Suppe geben.

Fischer im Wattenmeer

Ostfriesische Kartoffelsuppe

recht sämig – mit Schinkenspeck und Krabben.

1 kg Kartoffeln, 2 Bund Suppengrün, etwas Salz, 3 Zwiebeln, 60 g Butter, 300 g grob gewürfelten Schinkenspeck, 800 g Krabben, 1 Bund Petersilie.

Die Kartoffeln schälen, waschen und vierteln, ebenso das Suppengrün putzen, waschen und klein schneiden, dann mit den Kartoffeln in einem Topf mit Wasser gut bedeckt und einer Prise Salz gar kochen.
Danach die Kartoffeln und das Gemüse durch den Fleischwolf drehen.
Die Zwiebeln schälen, in kleine Würfel schneiden und in Butter andünsten. Dann den Schinkenspeck darin anbraten, 1/2 Liter Wasser aufgießen und 15 Minuten zugedeckt kochen lassen.
Den Schinkenspeck aus dem Topf nehmen und warm stellen. Das zerkleinerte Kartoffelgemüse in das übrig gebliebene Gemüsewasser geben und mit Salz abschmecken.
Schließlich die Krabben pulen, in eine Suppenterrine geben und die heiße Suppe darüber gießen. Die Suppe mit gehackter Petersilie bestreuen.

Westfriesische Pflaumensuppe

oder „Pruim en Bolle" – die süße, würzige Pflaumensuppe.

750 g getrocknete Pflaumen, 2 Eßl. geriebene Zitronenschale, 2 Messerspitzen Zimt, 250 g Zucker, 60 g Butter, 2 Scheiben altbackenes Weißbrot.

Die getrockneten Pflaumen in einem Topf mit genügend Wasser kochen, Zitronenschale, Zimt und Zucker sowie die Butter hinzufügen. Köcheln lassen bis die Pflaumen weich sind, dabei für genügend Flüssigkeit sorgen.
Dann in eine Schüssel die dünn geschnittenen Weißbrotscheiben geben und etwas Pflaumensuppe darübergießen, so daß das Brot gut durchweicht. Schließlich den Rest der Suppe mit den Pflaumen darübergeben, die Schüssel zudecken und 1/4 Std. leise köcheln lassen. Eventuell noch etwas Zucker darüberstreuen und heiß servieren.

Pflaumen

Ostfriesische Bunte Bohnensuppe

bei der Mettwürste nicht fehlen dürfen!

250 g getrocknete Bohnen, 2 Liter Wasser, 500 g Suppenknochen, 200 g getrockneten fetten Speck, 2 Möhren, 2 Stangen Porree, Salz, 500 g Mettwurst, 750 g Kartoffeln, 2 Zwiebeln, Petersilie.

Zunächst die Bohnen eine Nacht einweichen lassen, dann mit dem Einweichwasser, den Knochen, Speck, Möhren, Porree und etwas Salz langsam 2–2 1/2 Std. kochen lassen. In der letzten halben Stunde die Mettwurst und die in Würfel geschnittenen Kartoffeln, sowie die in Fett gedünsteten Zwiebeln dazu geben.

Auf dem Deich

Kohleintopf mit Hammelfleisch

oder „Pot-iten fan Skipfleis“ westfriesische Art.

500 g Hammelfleisch (Scheiben oder Keule), 80 g Butter oder Fett, 6 Scheiben mageren Frühstücksspeck, 1 Tasse Wasser, 1/2 Tasse Essig, 3 geschnittene eingelegte Gurken, 2 Nelken, 1 kg Kartoffeln, 1 kg Weiß- oder Wirsingkohl, 2 Zwiebeln, Salz, Pfeffer, Weißbrot, Senf.

Das gewaschene Fleisch salzen, mit dem Speck in Butter anbraten und in Stücke schneiden.
Wasser, Essig, Gurken und Nelken hinzufügen und das Fleisch etwa 1 1/2 Std. kochen lassen.
Danach die geschälten und grob geschnittenen Kartoffeln, den geschnittenen Kohl und die in Streifen geschnittenen Zwiebeln dazugeben und schließlich mit Salz und Pfeffer abschmecken.
Während des Kochens muß der Deckel fest auf dem Topf sitzen. Nach einer weiteren halben Stunde ist der Eintopf gar. Senf und Weißbrot dazu reichen.

Friesische Biersuppe

Ein weiterer wichtiger Hauptbestandteil der täglichen Nahrung und Grundlage für Frühstücks- und Abendgerichte, war neben Milch und Grütze das Bier. Es wurde früher auf jedem Hof selbst gebraut und war besonders im Winter in aufgewärmtem Zustand eine beliebte Zukost zu den täglichen einfachen Mahlzeiten. Man krumte Brotreste hinein oder dickte es mit Mehl an und bis zur Einführung der Kartoffel war die Biersuppe ein fester Bestandteil des bäuerlichen Speisezettels.
Die Bedeutung des Bieres läßt sich auch daran erkennen, daß z. B. in Ostfriesland viele Festlichkeiten mit „Bier" bezeichnet wurden. Das fing an mit „Kindelbier" zur Taufe und endete mit „Tröstelbier" zur Beerdigung. Zahlreiche Ordnungsstrafen waren in Form von Bier an die Gemeinde oder die Armen zu bezahlen. Die Bierkanne begleitete den Menschen praktisch von der Wiege bis zur Bahre, und bei Zusammenkünften ging es oft darum, ob man eine ganze Tonne anstechen oder es bei einer halben bewenden lassen sollte.
Von der nordfriesischen Insel Föhr stammt folgendes Rezept:

1 Liter Braunbier (heute nimmt man Malzbier, da es Braunbier, wie man es früher auf den Höfen selbst braute, nicht mehr gibt) 1/2 Liter Wasser, 3 Eßl. Weizenmehl, 1 Eßl. Zucker, 1 Prise Salz, 1 Prise gemahlener Zimt, 2 Eigelb, 2 Eßl. Sahne, Zitronenschale einer halben Zitrone.

Das Bier, Wasser, Mehl, Zucker, Salz, Zimt sowie die geriebene Zitronenschale in einem tiefen Topf unter ständigem Rühren zum Kochen bringen. Dann vom Feuer nehmen und noch einige Minuten weiterrühren.
Zum Schluß das Eigelb und die Sahne miteinander verschlagen und vorsichtig in die Suppe rühren.

Hier ein ostfriesisches Rezept:

1/2 Liter Braun- oder Weißbier, 1/2 Liter Milch, 60 g Sago, 3 Eßl. Zucker, 2 Eßl. Sirup, 1 Prise gemahlener Zimt, 2 Eier.

Die Milch zunächst aufkochen lassen und das Sago hineinrühren. Dann den Zucker, Sirup und das Bier hinzufügen und kurz aufkochen lassen.
Das Eigelb mit etwas Suppenflüssigkeit verrühren und in die Suppe geben, nicht mehr kochen lassen! Das Eiweiß steif schlagen, in kleinen Klößchen auf die Suppe geben, mit Zimt bestreuen, den Topf verschließen und noch 5 Minuten ziehen lassen.
Die Biersuppen können warm oder kalt gleichermaßen gegessen werden.

Grützen und Mehlspeisen

Karmelkbree

so nennt man in Ostfriesland Buttermilchbrei. Diesen gab es in der Krummhörn jahraus jahrein zum Frühstück, dazu eine Scheibe „een Umkarf", Schwarzbrot mit Butter, oft auch mit Käse. Das Schwarzbrot wurde vom Großknecht oder vom langjährigen Vorarbeiter geschnitten. Jeder durfte selbst bestimmen, wie dick die Scheibe sein sollte. Nicht selten war sie 5 cm dick, so daß sie von unten angebissen werden mußte. Wenn der Großknecht seinen Löffel niederlegte, wurde mit dem Essen aufgehört, so daß sich „de lüttje Knecht un de lüttje Maid" sehr beeilen mußten, um überhaupt satt zu werden. Oft gab es zum Frühstück auch „up warmt Eten", aufgewärmte Reste vom Vortag oder Roggenmehlbrei, auch Roggenmehlflupp genannt.

2 Liter Buttermilch, 2 Tassen Graupen, Zucker oder Sirup.

Die Buttermilch unter ständigem Rühren zum Kochen bringen. Dann erst die Graupen hineingeben und eine weitere 1/2 – 3/4 Std. vorsichtig kochen lassen. Hin und wieder umrühren.
Zum Schluß je nach Geschmack mit Zucker oder Sirup süßen.

Milchgefäß mit Deckel

Buchweizengrütze

von der es viele Varianten gibt und die früher in manchen Gegenden das Hauptnahrungsmittel war. Hier das Rezept einer einfachen Buchweizengrütze.

300 g Buchweizengrütze, 2 Liter Salzwasser, Butter, Zimt, Zucker oder etwas fetter Speck.

Die Grütze in das kochende Salzwasser geben. Etwa 1 Stunde bei geringer Hitze unter häufigem Umrühren quellen lassen.
Dann heiß auf 4 Teller füllen, jeweils ein Butterstückchen daraufsetzen, mit Zimt und Zucker bestreuen oder auch mit ausgelassenem Speck begießen.
Statt Wasser wird oft auch gekochte Vollmilch genommen oder Buttermilch für eine saure Grütze.
Vielfach gießt man über die warme Grütze noch kalte Milch. Wird die Grütze kalt serviert, dann ist sie steif und wird mit kochender Voll- oder Buttermilch übergossen und mit Zucker bestreut.
„Swatt Grütt" wird in Schweineblut gekocht. Dazu gibt es feingehackte, in Schmalz gebräunte Zwiebeln.

Buchweizen

Potstrout

die westfriesische Art der guten alten Buchweizengrütze.

180 g Buchweizengrütze, 1 Liter Milch oder Buttermilch, 1 Prise Salz, 200 g geräucherten Speck.

Die Milch zum Kochen bringen und mit Salz abschmekken. Dann die Buchweizengrütze hineingeben und etwa 15 Min. auf kleiner Flamme ziehen lassen.
Nun den geräucherten Speck in Würfel schneiden und in der Pfanne auslassen.
Auf jeden Teller eine Portion Grütze füllen, mit dem Eßlöffel jeweils in der Mitte eine Vertiefung eindrücken und den ausgelassenen Speck dort heineingeben.

Bauernhof in Westfriesland

Ostfriesischer Klütje met Zuckerarten

oder Mehlkloß mit Zuckererbsen und Schinken.

1 1/2 kg Zuckererbsen, 2 Eßl. Schmalz, 250 g luftgetrockneter Schinken, 3 – 4 Teel. Zucker, etwas Salz.
Für den Klütje: 500 g Mehl, 1 Ei, 1 1/2 Eßl. Zucker.

Die Zuckererbsen kurz abkochen, dann mit dem Schmalz, dem Schinken, Zucker und Salz etwa 2 Std. kochen lassen. Den Kloß in einer Schüssel mit dem Mehl, Ei und Zucker herstellen. Der Kloß muß schön fest sein, wenn nötig, noch etwas Mehl dazugeben.
Den Teig etwa 20 Minuten aufgehen lassen. Danach noch einmal tüchtig kneten und nach der halben Kochzeit auf die Erbsen legen.
Den Topf die erste halbe Stunde nicht öffnen, sonst könnte der Kloß zusammenfallen. Deshalb darauf achten, daß die Erbsen genügend Wasser haben, damit sie nicht anbrennen!

Mehlbeutel in Speck-Sirup-Sauce

auch hier eine typisch friesische Kombination aus fett und süß, zu der auch ein hochprozentiger Verdauungsschnaps gehört.

50 g Butter, 2 – 3 Eier, 60 g Zucker, 50 g Schmalz, 500 g Mehl, 1/2 Liter Milch, 1 Prise Salz, 80 g Rosinen und Backpflaumen, 800 g geräucherte Schweinebacke.
Für die Sauce: etwa 100 g fetter Speck, 1/8 Liter Wasser, 2 Eßl. Sirup, Salz.

Eier, Zucker und Butter schaumig rühren, Schmalz zerlassen und dazugeben. Dann das gesiebte Mehl sowie die Milch nach und nach unterrühren und schließlich mit Salz abschmecken.
Nun eine große Stoffserviette mit Mehl bestäuben, die gewaschenen und abgetupften Rosinen und Backpflaumen in Mehl wenden, auf die Serviette geben und den dickflüssigen Teig darübergießen.
Die vier Ecken des Tuches über Kreuz so verknoten, daß man darunter noch zwei Kochlöffel über Kreuz durchschieben kann.
Die Schweinebacke in kochendes Salzwasser geben und den Teigbeutel an den Kochlöffeln etwa 2/3 tief ins Wasser

hängen. Den Mehlbeutel darin etwa 2 Std. gar kochen, dann herausnehmen, wenden und 5 Min. ausdampfen lassen.
Für die Sauce den Speck in Würfel schneiden, auslassen, Wasser angießen und unter Rühren nach und nach den Sirup hinzufügen, kurz aufkochen lassen.
Die Schweinebacke in Scheiben schneiden und mit der heißen Sauce zu dem Mehlbeutel reichen.

Das Friesenhaus

Oonbras, Smurpoon und Birnen im Teig

Auf der nordfriesischen Insel Föhr war der im Backofen gebratene „Oonbras“ eine Hauptmahlzeit. Es ist ein Teig, der aus Gersten- oder Weizenmehl, Milch, Eiern und Speckstücken bereitet wird. Wenn man am Sonntag das Haus verlassen hatte, um in die Kirche zu gehen, so rührte man den „Oonbras“ in einem großen Topf an, stellte ein paar „getrocknete Düngerfladen“ oder „langsam brennende Torfstücke“ um ihn herum. Kam man dann aus der Kirche zurück, so fand man seine Mahlzeit von selbst fertig gekocht vor.

Wurde dieses Gericht allerdings im „Grapen“, das heißt in einem Topf auf dem Herd gebacken, so nannte man es „Smurpoon“.

Vielfach wurde dieses Gericht je nach Jahreszeit auch mit weiteren Zutaten versetzt, zum Beispiel mit Birnen, Pökelfleisch oder Reis. In den Dörfern wurde es jeden Sonntag und Mittwoch gegessen. Brachte man es der Einfachheit halber zum Bäcker, erhielt es einen dritten Namen, nämlich „Pott“.

Hier das Grundgericht:

500 g Mehl, 1/4 Liter Milch, 2 Eier, 20 g Hefe, etwas Salz, 250 g geräucherten Speck.

Aus Mehl, Milch, Eiern, Hefe und Salz einen glatten Hefeteig herstellen. Dann einen Topf (Grapen) mit dem in Scheiben geschnittenen Räucherspeck auslegen und den Teig darübergeben. Den Teig wiederum mit Speckscheiben belegen und im Backofen (Oonbras) oder auf dem Herd (Smurpoon) backen. Auch die Reste schmecken sehr gut, wenn man sie wieder in Scheiben geschnitten in der Pfanne brät. Für „Oonbras mä pearen" (Oonbras mit Birnen) gilt folgende auf der Insel Föhr gebräuchliche Zubereitungsart:

3 Pfund Birnen, 3 Eßl. abgeriebene Zitronenschale, 500 g Räucherspeck, 500 g Mehl, 1/4 Liter Milch, 2 Eier, 20 g Hefe, Salz.

Die Birnen putzen, schälen und mit der abgeriebenen Zitronenschale in kochendem Wasser garen.
Einen Topf mit in Scheiben geschnittenen Räucherspeck auslegen, die gekochten Birnen und den Hefeteig darübergeben. Den Hefeteig nochmals gehen lassen, einige Butterflöckchen daraufsetzen und im Ofen schön goldgelb backen. Ein vorzügliches Gericht!

Silvesterfutschen

war und ist auch heute noch das traditionelle nordfriesische Gericht zur Jahreswende.

1 Liter Milch, 250 g Grieß, 10 Eier, 1 Schnapsglas Rum, abgeriebene Schale 1 Zitrone, Zucker, 2 Eßl. Hefe, 100 g Mehl, 500 g Rosinen, 1 1/2 kg Bratfett.

Die Milch aufkochen, den Gries hineinrühren und nochmals aufkochen, dann abkühlen lassen. Die Eier schlagen und in die nicht ganz abgekühlte Griesmasse geben. Salz, Rum und Zitronenschale sowie die in etwas Zucker aufgelöse Hefe und das Mehl dazugeben.
Die Rosinen in Wasser kurz aufkochen, in Mehl wenden und unter die Griesmasse rühren. Danach 1 1/2 – 2 Std. gehen lassen. Wenn nötig, noch etwas Mehl in die Griesmasse rühren, und etwas gehen lassen, damit der Teig schön fest wird.
Schließlich das Bratfett in einem großen Topf langsam heiß werden lassen, das Fett darf nicht schäumen!
Mit einem Eßlöffel die „Futschen“ wie Klöße ausstechen und in heißen Fett backen.

2: Veeh-Hus (Vieh)
3: Dößdeel (Diele, Tenne)
4: Hiel (Viehfuttervorräte)
5: Utkübben (Geräte, Holz, Torf).

Achterdör (zum Veeh-Hus)

Schürdör zur Dößdeel (Diele)

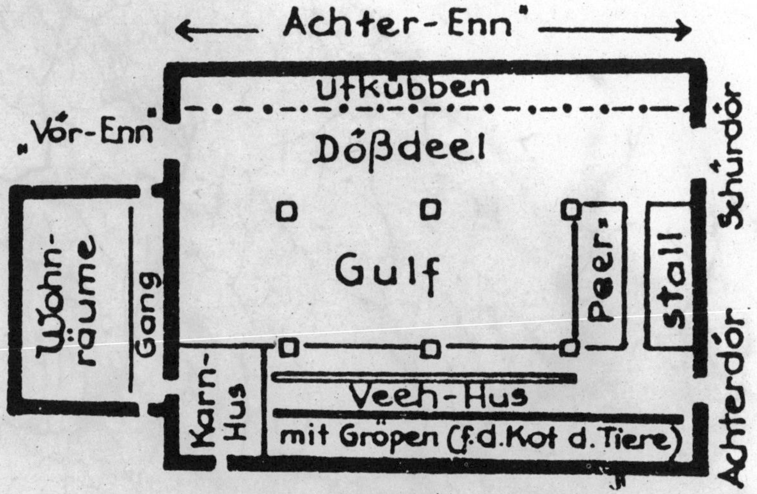

Grundriß d. Friesenhauses

Speckendicken

Was den Nordfriesen die „Silvesterfutschen“, waren den Ostfriesen die „Speckendicken“. Sie wurden früher in jedem Haushalt am Silvesterabend in einem scherenförmigen, mit runden Blättern versehenen Neujahrseisen gebakken. Die „Speckendicken“ wurden aus feinem Roggenmehl, etwas Gerstenmehl und gemahlener Hafergrütze hergestellt. Das Mehl wurde mit kaltem Wasser und einem nach Geschmack bemessenen Quantum an Sirup und Anis zu einem festen Teig vermengt. Damit Mehl und Grütze gehörig weichen konnten, geschah dies zumeist gleich nach dem Mittagessen.

1 kg Roggenmehl, 500 g Gerstenmehl, 250 g Hafergrütze, 500 g Sirup, 500 g Speck, 1 Päckchen gemahlener Anis, getrocknete Mettwurstscheiben.

Das Mehl mit der Grütze, dem Sirup und Anis mit kaltem Wasser zu einem festen Teig verarbeiten, der einige Stunden stehen muß. Dann mit Speck zuunterst und einer Mettwurstscheibe obendrauf im Waffeleisen oder in der Pfanne aus einem gehäuften Löffel Teig die Kuchen goldgelb ausbacken.

„... *Auf dem Herd, der von einer großen eisernen Fußplatte umgeben war, brannte ein helles Torffeuer. Dicht davor wurden einige Ziegelsteine aufgestapelt, die zum Auflegen oder zur*

Stütze für das Backeisen dienten. Dann wurden Speck in platte Würfel und Mettwurst in Scheiben geschnitten, die auf Tellern mit dem großen steinernen Teigtopf der Hausfrau in greifbarer Nähe standen. Diese setzte sich auf einen Schemel vor das Feuer, nahm das Eisen, klappte es auf, um danach die horizontal liegende runde Platte mit einem Würfel Speck zu belegen, darüber einen gehäuften Löffel voll Teig auszubreiten und oben darauf eine Scheibe Mettwurst einzudrücken. Danach wurde das Eisen vorsichtig in das flammende Feuer gehalten ...

... Zur Bereicherung oder Abwechslung der kernigen Fettspeise wurde Kaffee oder ein von der Hausfrau auf Herbstkirschen selbstgezogener Kirschlikör getrunken. Bei den Männern war ein kräftiger heißer Punsch sehr beliebt."

Küche eines Friesenhauses im 18. Jahrhundert

Fett und Klümp

ein weiteres altes Gericht, hier aus Nordfriesland, das die Neigung der Einwohner zu Deftigem verrät!

1 geräucherte Schweinebacke oder 500 g durchwachsenen Speck, 700 g Wurzeln, 1 Steckrübe (etwa 700 g), 1 Petersilienwurzel, Salz, Pfeffer.

Wurzeln und Steckrübe waschen, schrappen und in grobe Stücke schneiden.
Zusammen mit der Schweinebacke in einem großen Topf gut mit Wasser bedeckt gar kochen. Mit Salz und Pfeffer abschmecken. Dazu ißt man Pellkartoffeln oder Mehlklöße.
Letzere werden aus 1/4 Liter Milch, 250 g Mehl, 1 Ei und etwas Salz zubereitet. Die etwa 10 – 12 Mehlklöße werden dann kurz in Schmalz gebraten und serviert.
Nach einem festen Ritus schneidet der Hausherr Speck und Fleisch vor, jeder reicht seinen Teller hin und bekommt einen reichlichen Anteil. Dann holt man sich mit der Gabel ein paar Klöße, ein Stück von der Steckrübe und einige Wurzeln aus dem Schmortopf. Die Suppe wird nicht mit dem Löffel gegessen, sondern dient als Sauce.

Nordfriesischer Hof

Ostfriesischer Buchweizenpfannkuchen

Buchweizen war neben anderen Mehl- und Milchspeisen, vor allem in den armen Moorkolonien das Hauptnahrungsmittel, welches in Form von Grütze oder Pfannkuchen gegessen wurde.

500 g Buchweizenmehl, 4 Eier, Salz, 3/4 Liter Milch, 250 g getrockneten durchwachsenen Speck, Schmalz.

Aus Buchweizenmehl, Eiern, Salz und Milch einen dickflüssigen Teig bereiten und gut 5 Stunden zum Quellen stehen lassen.
Den Speck portionsweise in dünne Scheiben schneiden und mit Schmalz in der Pfanne braten. Darauf eine Kelle Teig geben und die Pfannkuchen auf beiden Seiten goldbraun ausbacken.

Bratpfanne

Torfstecher in Ostfriesland

Meeresfrüchte

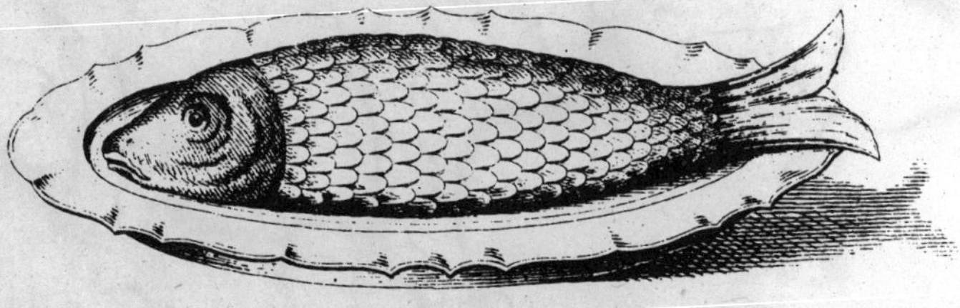

Granatbrot mit Rührei

oder Krabbenbrot mit Rührei.

750 g ausgepulte Krabben, 4 Scheiben Schwarzbrot, Butter nach Bedarf.
Für das Rührei 3 Eier, 1/8 Liter Milch, Salz und 60 g Butter.

Zunächst werden die Schwarzbrotscheiben dick mit Butter bestrichen und eine ordentliche Portion Krabben daraufgegeben. Dazu gibt es Rührei mit Petersilie bestreut.
Für das Rührei werden die Eier mit der Milch verrührt und Salz hinzugegeben. In einer Bratpfanne Butter auslassen und die verschlagenen Eier hineingeben und rühren bis sie stocken.

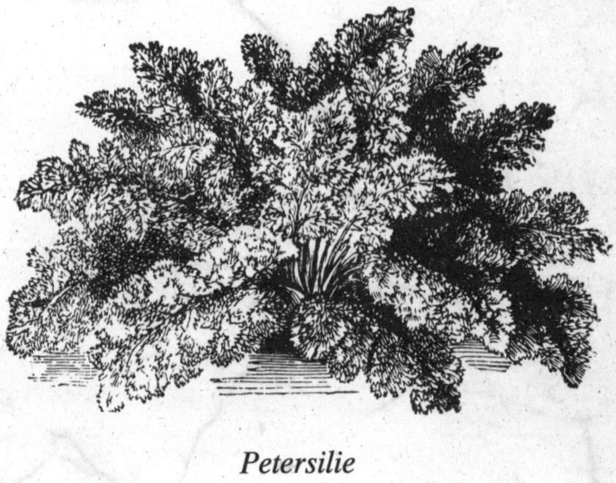

Petersilie

Halligfischer

Miesmuscheln – ostfriesische Art

Mies- oder Pfahlmuscheln werden besonders an den Küsten West- und Ostfrieslands gezüchtet.

2 – 3 kg Miesmuscheln, 1 Bund Suppengrün, Butter, 3 Zwiebeln, 15 – 20 Pfefferkörner, 5 Lorbeerblätter, Salz, 1/4 Liter Weißwein.

Die Muscheln zunächst gründlich waschen und bürsten. Dann einen Sud herstellen aus einem Topf Wasser, dem Weißwein, Suppengrün, den in Scheiben geschnittenen Zwiebeln, einem Klacks Butter, Salz, Lorbeerblättern und Pfefferkörner, 1/4 Std. kochen lassen.
Schließlich die Muscheln hinzufügen, eventuell noch Wasser zugießen, die Muscheln müssen ganz bedeckt sein und etwa 6 Minuten sprudelnd kochen.
Nur die einwandfreien Muscheln öffnen sich beim Kochen, die geschlossenen fortwerfen!
Die Muscheln in einer vorgewärmten großen Terrine servieren.

Miesmuschel

Hering mit grünen Bohnen

galt wegen seiner Schmackhaftigkeit und Preiswürdigkeit von alters her schon immer als Delikatesse der Armen. In Nordfriesland ißt man den jungen Fetthering, den „Matjes", der noch vor der ersten Laichzeit gefangen wird, mit grünen Bohnen, Specksoße und Pellkartoffeln.

Pro Person 2 - 4 gewässerte Matjesfilets, 2 Zwiebeln, 1 kg grüne Bohnen, 1 Bund Bohnenkraut, 250 g geräucherten Speck, 1 Bund Petersilie, 250 g Butter.

Die gewässerten Matjesfilets trockentupfen und mit Zwiebelringen belegen.
Die Bohnen waschen, in kleine Stücke brechen und mit dem Bohnenkraut in bereits kochendem Wasser gar kochen. Dann in eine vorgewärmte Schüssel geben und warm stellen.
Den gewürfelten Speck auslassen, über die Bohnen gießen und mit Petersilie bestreuen. Dazu reicht man Pellkartoffeln.

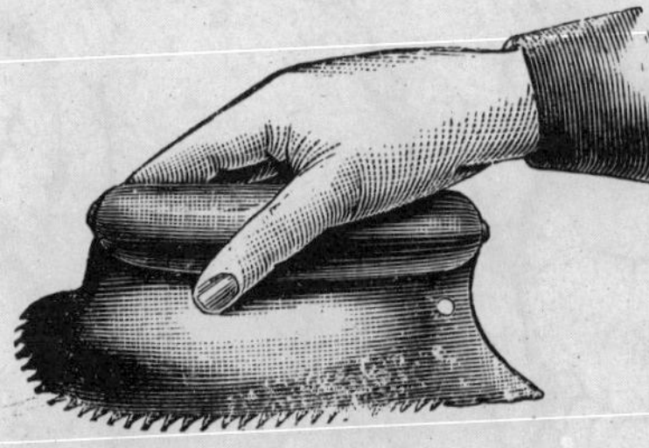

Fischschupper

Heringe in Sahnesauce

eine ostfriesische Spezialität aus einem alten handgeschriebenen Kochbuch.

4 - 6 Heringe, etwa 1 Liter Waser oder Milch, Essig, 1/4 Liter saure Sahne, 1 Teel. Senf, 1 Teel. Zucker, 5 Zwiebeln, 1 Bund Petersilie.

Die Heringe 24 Std. in Wasser oder Milch legen, dann entgräten und mit einigen Löffeln Essig begießen.
Die saure Sahne mit dem Senf verquirlen und den Zucker sowie die geschnittenen Zwiebeln hinzufügen. Nun den Essig von den Heringen abgießen und die Sahnesauce darübergeben.
Vor dem Servieren einige Stunden ziehen lassen. Am besten schmecken Pellkartoffeln dazu.

Hering

Pannfisch

Das bekannte Fischgericht aus verschiedenen Fischen oder auch Fischresten, in der Pfanne gebraten.

500 g gekochten Fisch, 800 g gekochte Kartoffeln, Butter, 2 Eßl. Senf, 2 Eßl. gehackte Petersilie, Salz und Pfeffer.

Die geschälten und in Scheiben geschnittenen Kartoffeln zusammen mit dem entgräteten Fisch in der Pfanne mit Butter schön goldgelb braten. Hin und wieder wenden und mit Senf, Salz und Pfeffer würzen. Eventuell etwas Wasser angießen und alles durchziehen lassen. Schließlich gehackte Petersilie darübergeben und servieren. Ein frischer grüner Salat paßt gut dazu.

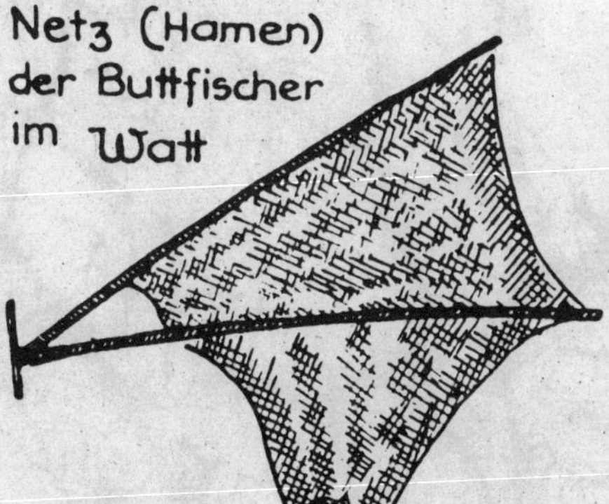

Fischpudding

eine gute Möglichkeit der Resteverwertung.

250 g Fisch- oder Fleischreste, 3 - 4 Brötchen, 1/4 Liter süße Sahne, 1 Zwiebel, 1 Bund Petersilie, Pfeffer, Salz, 100 g Butter, 4 Eier, etwas Paniermehl.

Die Fisch- oder Fleischreste mit den in Milch eingeweichten und ausgedrückten Brötchen in die Sahne geben.
Die gewürfelten Zwiebeln und die gehackte Petersilie hinzufügen und mit Pfeffer und Salz abschmecken.
Butter mit dem Eigelb etwa 30 Minuten durchschlagen und das Eiweiß zu festem Schnee schlagen. Dann alles zusammen in die Fischmasse geben, glattrühren und den Rest Eischnee unterheben. Mit Salz und Pfeffer abschmecken und das Ganze in eine mit Butter ausgefettete und mit Paniermehl bestreute Puddingform geben. Etwa eine Stunde im Wasserbad bei mittlerer Hitze kochen lassen.
Dann den Pudding erkalten lassen und stürzen. Dazu schmecken besonders gut gekochte Kartoffeln mit Senf-, Kapern- oder Krebsauce.

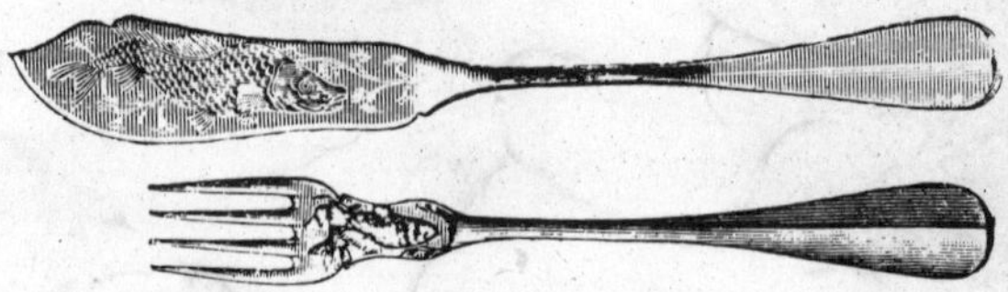

Fischbesteck

Gebratene Maischolle

die Scholle ist ein Plattfisch, der an der Nordsee Scholle genannt wird, die etwas fleischigeren aus der Ostsee nennt man „Butt". Die im Mai und Juni gefangenen Nordseeschollen schmecken am besten.

2—4 Nordseeschollen (küchenfertig), 2 Eier, 150 g feingeriebenes Weißbrot, Salz, 150 g geräucherter Speck.

Die Schollen abspülen und trockentupfen. Die Eier verschlagen und salzen, dann die Schollen in der Eiflüssigkeit und dem geriebenen Weißbrot wenden und in einer Pfanne mit dem feingewürfelten Räucherspeck jeweils etwa 5 Minuten von beiden Seiten goldbraun braten.
Dazu serviert man Zitronenviertel zum Beträufeln, Salzkartoffeln und einen frischen grünen Salat.

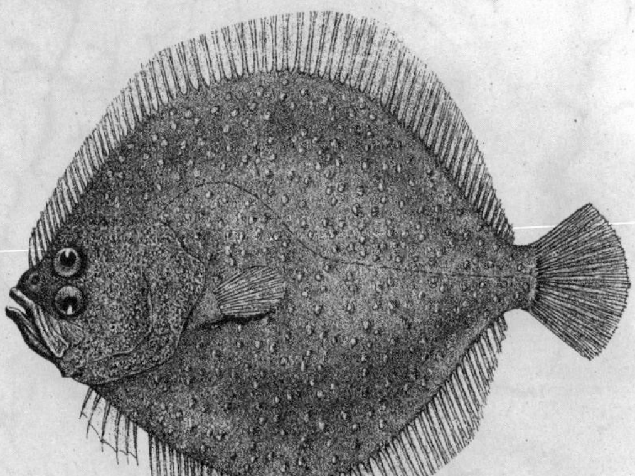

Scholle

Gestoofde Schol – nach westfriesischer Art

einem alten handgeschriebenen Kochbuch von 1772 ist zu entnehmen, daß der Westfriese „eine erst kurz vor dem Verzehr geschlachtete Scholle“ für sehr schmackhaft hält, „wenn sie in gut gesalzenem Wasser gekocht“ und „eine Sauerampfer- oder saure Eiersauce“ dazu gereicht wird.

1 Scholle, 60 g Butter, geriebene Muskatnuß, Pfeffer, Salz, 1 Teel. Salbei, 1 Eßl. gestoßener Zwieback, 1 Schuß Zitronensaft, 1 Zitronenscheibe.
Für die Sauerampfersauce: 100 g wilden Sauerampfer, 30 g Butter, 1 Prise Salz, 1 Scheibe Weißbrot.
Oder für die Eiersauce: 1 Ei, 1 Schuß Essig, 2 Teel. Senf, 1 Teel. Kartoffelmehl, 1/4 Liter heißes Kartoffelwasser, Salatöl, 1 Stück Butter.

Die Scholle ausnehmen, waschen, in dicke Stücke schneiden und nebeneinander in eine „verzinnte Kupferschüssel“ legen. Ein gutes Stück Butter, etwas geriebene Muskatnuß, Pfeffer, Salbei, Zwieback, einen Schuß Zitronensaft oder eine Zitronenscheibe sowie etwas Wasser dazugeben. Den Fisch darin eine gute 1/2 Std. lang dünsten, „mit Feuer von unten und einem Deckel mit viel Feuer von oben, so daß es eine schöne braune Farbe bekommt“.

Selbstverständlich kann man eine Scholle auch auf einem Rost oder in einer Pfanne braten.
Für die Sauerampfer-Sauce die Sauerampferblätter in etwas Wasser dünsten. Ein gutes Stück Butter sowie eine Prise Salz dazu geben. Etwas Weißbrot hineinkrümeln und zu der gebackenen Scholle servieren.
Für die saure Eiersauce das Ei mit dem Essig und Senf verrühren. Das Kartoffelmehl unter Rühren dazugeben bis es keine Klümpchen mehr gibt. Dann das kochende Kartoffelwasser hinzugießen und die Sauce zum Kochen bringen, etwas nachköcheln lassen und abkühlen. Sollte die Sauce zu dick sein, kann man noch etwas Kartoffelwasser dazugeben. Einen Teelöffel Salatöl hineingeben und ein Stück Butter in der Sauce schmelzen lassen.
Diese Sauce, die man sowohl zum Fisch als auch zum Salat reichen kann, wird ohne Salz zubereitet! Man sollte sie allerdings nicht aufbewahren.

Fischkessel

Kabeljau mit Kapernsauce

der Kabeljau ist der meistgefangene Fisch aus Nordsee und Nordatlantik. Er kann bis 1 1/2 Meter lang und 50 kg schwer werden. Deshalb wurde er früher vorzugsweise zu Stockfisch getrocknet.

800 g Kabeljaufilets (küchenfertig), 1/4 Liter Weißwein, 1/4 Liter Wasser, Salz, einige Pfefferkörner, 2 Lorbeerblätter, weißer Pfeffer, 1 Zwiebel, 40 g Butter, 30 g Mehl, 2 Eßl. Kapern, 4 Eßl. Sahne.

Die Kabeljaufilets abspülen. Eine Weile kalt stellen und ziehen lassen.
Dann in einem Sud aus Weißwein, Wasser, den Gewürzen und der feingewürfelten Zwiebel bei schwacher Hitze gar ziehen lassen, nicht kochen.
Fischfilets herausnehmen und warm stellen. Den Sud durch ein Sieb geben, Mehl in Butter anschwitzen und mit dem Fischsud angießen, aufkochen lassen, die Sahne und Kapern hineingeben und mit Salz und Pfeffer abschmekken. Schließlich die Filets in die Sauce geben etwas köcheln lassen und mit Salzkartoffeln und gemischtem Salat servieren.

Altfriesische Trachten

Labskaus

ein altes Seemannsgericht, von dem es die verschiedensten Zubereitungen gibt.

750 g gepökeltes Rindfleisch, 800 g Kartoffeln, 450 g Rote Beete, 4 Zwiebeln, Pfeffer, 1/2 Liter Essig, 1 Eßl. feingewürfelter Meerrettich, Salz, Zucker, 4 Gurken, 7 Matjesfilets, 2 Äpfel, 3 Eier.

Das Pökelfleisch in einem Topf gut mit Wasser bedeckt etwa 1 1/2 Std. weich kochen.
Die Kartoffeln waschen, schälen und gar kochen. Die Rote Beete ebenso in Salzwasser etwa 1 1/2 Std. gar kochen.
Dann das Fleisch, die Kartoffeln sowie 2 Zwiebeln durch den Fleischwolf drehen, salzen und pfeffern und mit Pökelbrühe gut verrühren, die Masse bis zum nächsten Tag kalt stellen.
Aus 1/2 Liter Essig und 3/4 Liter Wasser eine Salatsoße anrühren, 1 gewürfelte Zwiebel sowie den feingewürfelten Meerrettich und Salz und Zucker nach Geschmack zugeben. Die Soße über die in Scheiben geschnittenen Rote Beete geben und kalt stellen.
Am nächsten Tag eine gewürfelte Gewürzgurke in das Labskaus rühren und erhitzen. Die Matjesfilets mit Apfel- und Zwiebelscheiben belegen, aufrollen und mit Holzstäbchen durchstechen.

Labskaus auf eine vorgewärmte Platte geben und mit den Roten Beeten, den restlichen Gurken, Matjes und Spiegeleiern garnieren.

Kapitänshaus auf Amrum

Zubereitung von Stock- oder Klippfisch

Eine alte Konservierungsart von Fisch ist das Trocknen an der frischen Luft. Der in der Vergangenheit massenhaft gefangene Kabeljau eignete sich dazu am besten. Dabei wurden die ausgenommenen und gewaschenen Fische am Schwanz paarweise zusammengebunden und in die frische Luft gehängt. Bei gutem Wetter dauerte das Trocknen etwa 6 Wochen. Der Kabeljau war dann trocken wie Holz und konnte so gut weitertransportiert werden. Man nannte ihn dann Stock- oder Klippfisch. Ein reger Handel war die Folge. Wie aber wurde der Stockfisch anschließend zubereitet? Hier ein Rezept von Catharina Lüden:

„Man rechnet vom Stockfisch in trocknem Zustand auf 3 Personen 1/2 kg. Der Stockfisch muß mindestens 3 Tage in Sodawasser eingelegt werden.
Vorher bedeckt man ihn zunächst 1/2 Std. mit Wasser und klopft ihn dann mit einem Holzhammer so lange, bis er locker geworden ist. Er darf jedoch nicht zerfetzt werden!
Alsdann wird er in 3 gleich große Stücke geschnitten. Zum Erweichen des Fisches kann man Pottasche oder Soda zur Hilfe nehmen, man braucht für 500 g Stockfisch etwa 30 g feingestoßene Soda. Man legt die Fischstücke mit dem Soda

bestreut übereinander in einen Steintopf und bedeckt sie reichlich mit Wasser. 2 Tage und 2 Nächte soll nun der Topf möglichst kalt stehen.
24 Std. vor dem Kochen drückt man die Stücke aus, entfernt die Schuppen, Flossen und alles Unreine, spült den Fisch ab und legt ihn in frisches Wasser. Das Wechseln des Wassers muß im Laufe der 24 Std. dreimal geschehen. 3 Std. vor Gebrauch legt man die Stücke aufeinander auf ein Tuch, welches auf einem alten Teller in einem Kochtopf liegt und gießt kaltes Wasser darüber. Dann läßt man den Stockfisch langsam heiß werden, nicht sprudelnd kochen, sondern nur ‚ziehen' lassen. Wohlgeschmack und Aussehen des Fisches werden gehoben, wenn man ihn mit in Butter gerösteten Zwiebelscheiben belegt!"

An der Küste

Nordfriesischer Stockfisch-„Pudding“

keine süße Nachspeise, sondern ein weiteres Rezept schmackhaften Stockfisch zu bereiten.

250 g feingehackter Stockfisch, 50 g Butter, 50 geriebenes Weißbrot, 1 Eßl. gehackte Schalotten, Muskat, Salz.

Die Zutaten miteinander verrühren und in einer gut ausgebutterten Puddingform etwa 1 Std. im Wasserbad kochen.

Schalotten

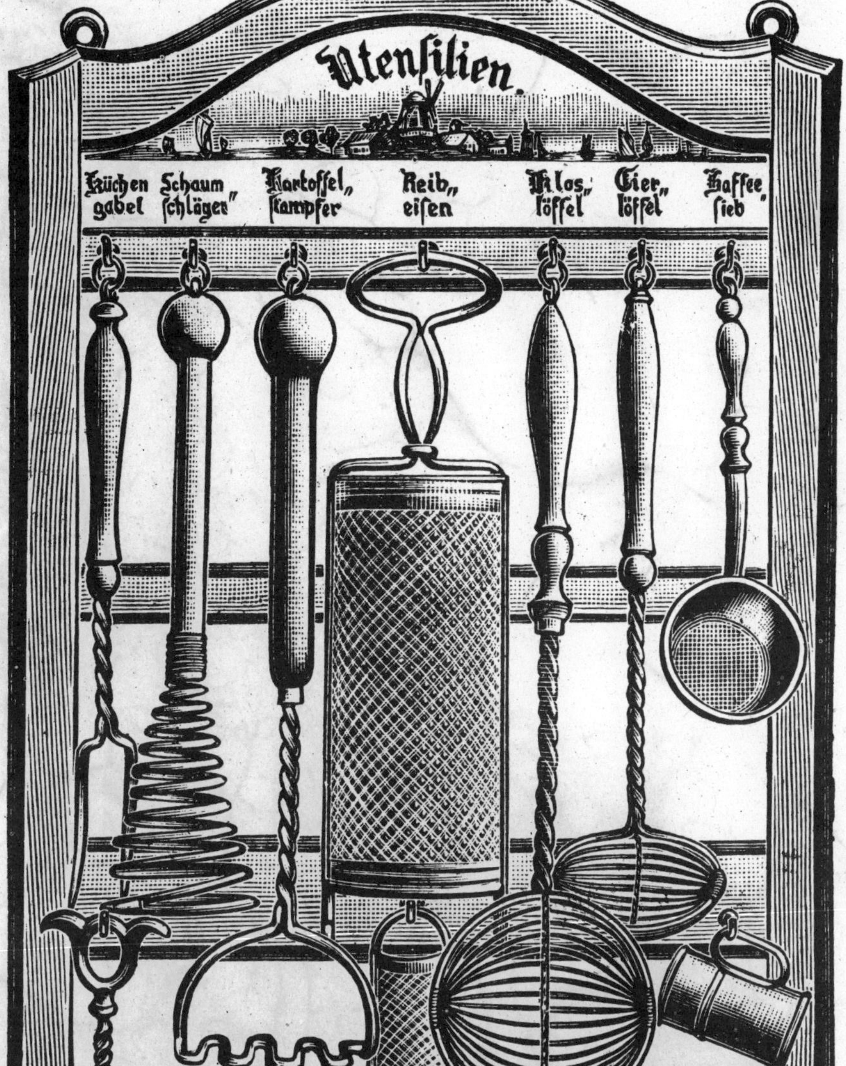

Utensilienrahmen

Gemüse- und Fleischgerichte

Aardappelkokjes

auf hochdeutsch „Erdäpfelkuchen“ bzw. Kartoffelpfannkuchen, gehörten in Westfriesland zwar nicht zur täglichen Kost, sondern waren Leckereien, die es nur zu besonderen Gelegenheiten gab. So zum Beispiel zum Erntefest, für das sie „mit vielen Speckstückchen“ gebacken wurden. Man aß sie mit Butter oder auch nur mit Zucker oder mit Sirup – dann waren sie eine besondere Leckerei.
In Ostfriesland dagegen gehörten Kartoffelpfannkuchen vor allem auf der Geest zur täglichen Mahlzeit. Es gab sie meistens als deftiges Frühstück.
Hier jedoch eine interessante westfriesische Art:

1 kg Kartoffeln, 2 – 3 Eier, 250 g geriebener Gouda oder Edamer-Käse, Salz, gestoßener schwarzer Pfeffer, etwas Mehl, Schmalz zum Braten, 2 Eßl. gehackte Petersilie.

Die Kartoffeln schälen, in grobe Stücke schneiden und in einem Topf mit Salzwasser gar kochen. Dann das Wasser abgießen und die Kartoffeln fein stampfen. Der Kartoffelbrei sollte dabei so trocken wie möglich werden.
Die Eier aufschlagen und mit dem geriebenen Käse unter den Kartoffelbrei rühren, dann mit Salz und Pfeffer abschmecken.
Den Brei gut durchkneten bis er zu einem festen Teig geworden ist – wenn nötig, noch etwas Mehl zugeben.

Jeweils aus einem Eßlöffel Teig einen flachen, runden Kuchen formen, in Mehl wenden und im Bratenfett goldbraun braten.
Die Pfannkuchen abtropfen lassen und gehackte Petersilie darüberstreuen. Dazu gibt es einen frischen grünen Salat.

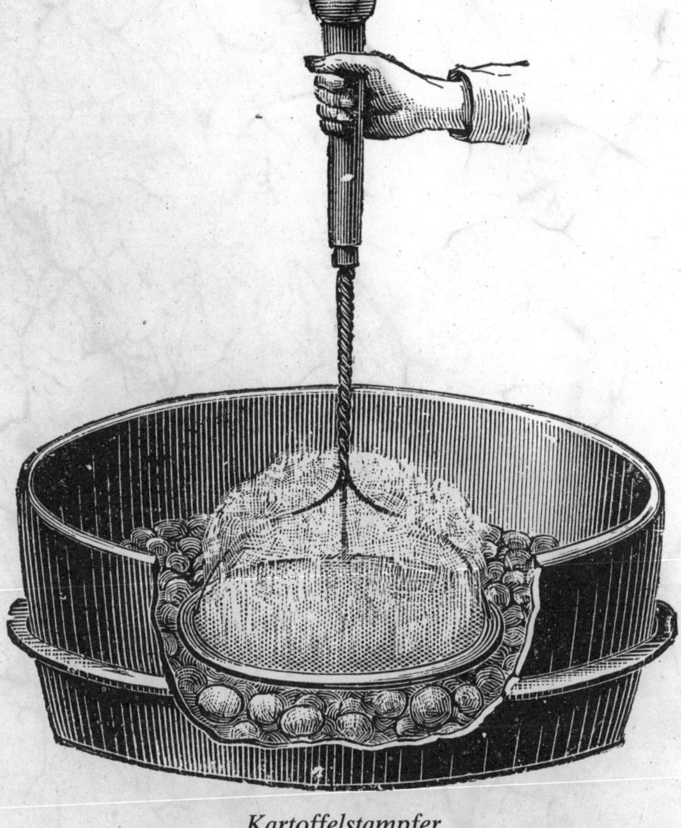

Kartoffelstampfer

Grünkohl nach Friesenart

Sowohl in Ost- als auch in West- und Nordfriesland war der Grünkohl ein traditionsreiches Hauptgericht. Die Grünkohlzeit beginnt mit den ersten Novemberfrösten.
Die Westfriesen nennen ihn „Boerekool“, also Bauernkohl, im Plattdeutschen sagt man „Groenkool“.
In Friesland war der Grünkohl seit alters her sehr beliebt, was in zahlreichen Sprichwörtern, Redensarten und Liedern zum Ausdruck kommt. So sagt man in Ostfriesland: „Bi Groenkool hört Speck un Malligkeit“, das heißt „zum Grünkohl gehört Speck und Fröhlichkeit!“

2 kg Grünkohl, 100 g Schmalz, 2 große Zwiebeln, 500 g Pinkelwurst, 500 g Bauchspeck, 6 Eßl. Hafergrütze, Salz, Pfeffer.

Den Grünkohl in einem großen Topf kurz aufkochen, dann das Wasser abgießen und den Grünkohl fein schneiden. Schmalz in einem Topf auslassen und die abgezogenen und in Würfel geschnittenen Zwiebeln darin andünsten. Den Kohl, Bauchspeck und die Hafergrütze dazugeben und alles etwa 1 - 1 1/2 Std. bei mittlerer Hitze kochen lassen. In der letzen halben Stunde kommt die Pinkelwurst dazu. Mit Salz und Pfeffer abschmecken und zu Salz- oder Pellkartoffeln servieren.

Zum Grünkohlessen gehören, regional verschieden, auch Kasseler Kotelett, geräucherte Schweinebacke, Rauchenden oder Brägenwurst.
Die Brägenwurst enthält u.a. Schweinehirn. Die Pinkelwurst, hergestellt aus Schweinsflomen und Hafergrütze, ist aus dem plattdeutschen Wort „Pink“ abgeleitet, das kleiner Finger heißt und im übertragenen Sinne für „kleine Wurst“ steht.
Pinkel- und Brägenwurst werden ausschließlich zum Grünkohl gegessen.

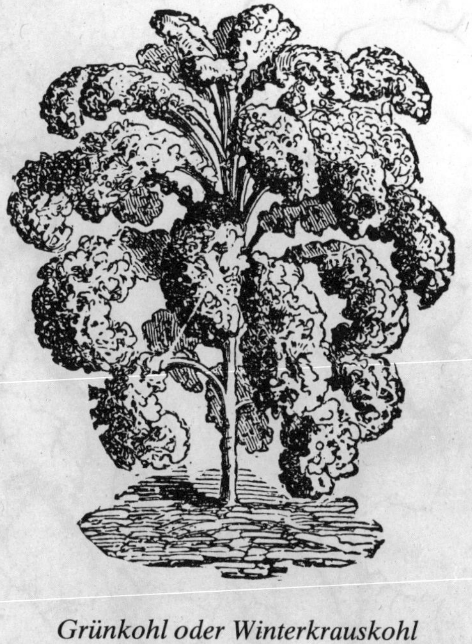

Grünkohl oder Winterkrauskohl

Pinkelwurst selbstgemacht

ostfriesische Art – Rezept für die ehrgeizige Hausfrau!

500 g Schweinsflomen, 350 g gewürfelte Zwiebeln, etwas Butter, 500 g Hafergrütze, Piment, Salz, Pfeffer.

Flomen durch den Fleischwolf drehen. Die geschälten und gewürfelten Zwiebeln mit etwa 2 Eßlöffeln von dem Flomen andünsten und mit dem restlichen Flomen sowie der Hafergrütze zu einem Teig verarbeiten. Mit Piment, Salz und Pfeffer abschmecken.
Den Teig in einen Leinenbeutel geben und etwa 1 1/2 Std. im Grünkohl mitkochen lassen.
Anschließend ein paar Eßlöffel Pinkelwurst aus dem Beutel nehmen und unter den Kohl mischen. Die verbliebene Pinkelwurst wird schließlich ohne Darm mit dem Grünkohl, Fleisch und Kartoffeln serviert.

Zum Grünkohl gehört ebenso ein hochprozentiger Schnaps. Zwischen Flensburg und Groningen gibt es fürwahr genug davon. Einige sind weltberühmt geworden, wie der „Doornkaat", auch Friesenwein genannt. In Westfriesland trinkt man Genever. Niemals würde man zum Grünkohl Wein trinken, auch in den Mythen der alten Griechen galt Kohl als der Feind des Weines. Schließlich gehört zu einem fetten Essen immer auch ein hochprozentiger Verdauungsschluck.

Früher wurde Grünkohl oft in großen Mengen gekocht und „was mittags übrig blieb, wurde in irdene Töpfe und Krüge gefüllt und für kommende Tage aufbewahrt.“

Fleischhackmaschine

Updrögt Bohntjes

auf das sogenannte „Bohntjeband“ aufgezogene grüne Bohnen – das „Nationalgericht“ der Ostfriesen!
Im Herbst werden die Bohnen gepflückt und hintereinander auf einen Bindfaden aufgezogen. Ein Bohntjeband von 1,20 Meter Länge faßt eine Mahlzeit für 4 Personen. Die „Bohntjebänder“ werden unter der Küchendecke oder auf dem Boden aufgehängt. Je nach Temperatur und Luftfeuchtigkeit brauchen die Bohnen etwa 1 1/2 – 2 Monate zum Trocknen. Das „Bohntje-Aufziehen“ war früher an langen Winterabenden eine der zahlreichen Beschäftigungen in ostfriesischen Haushalten.

500 g grüne Bohnen, 750 g geräucherter Speck, 500 g Kartoffeln, Salz und Pfeffer.

Den Abend vorher die Bohnen vom Band nehmen und in warmem Wasser einweichen. Am nächsten Tag kurz abkochen und dann in 1 Liter Salzwasser zusammen mit dem Speck etwa 3 Stunden gar kochen. Die Kartoffeln in der letzten halben Stunde mit dazugeben. Nach dem Garen wird das Gericht zerstampft und mit Salz und Pfeffer abgeschmeckt.

Birnen, Bohnen, Speck

„... gab es früher immer dann, wenn die Birnen noch grün, die Bohnen gerade reif und der Schinken fast am Ende war!"

500 g durchwachsenen Speck oder Schinkenreste (auch Schweinebacke oder Bauchspeck). 1 kg grüne (Brech-) Bohnen, Salz, Pfeffer, 1 Bund Bohnenkraut, 1 kg Kochbirnen, evtl. etwas Mehl, 1 Bund Petersilie.

Den Speck in Salzwasser ca. 30 Min. kochen lassen. Dann die Bohnen in die Brühe geben, mit Salz, Pfeffer und Bohnenkraut würzen und weitere 20 Minuten bei schwacher Hitze weiterkochen. Die geschälten Birnen dazugeben und nochmals 15 Minuten garen.
Dann den Speck herausnehmen und in Scheiben schneiden. Die Bohnen eventuell mit etwas Mehl binden.
Das Ganze in eine Schüssel füllen, den Speck und die Birnen obenauf legen und mit Petersilie bestreuen. Dazu gibt es Salzkartoffeln.

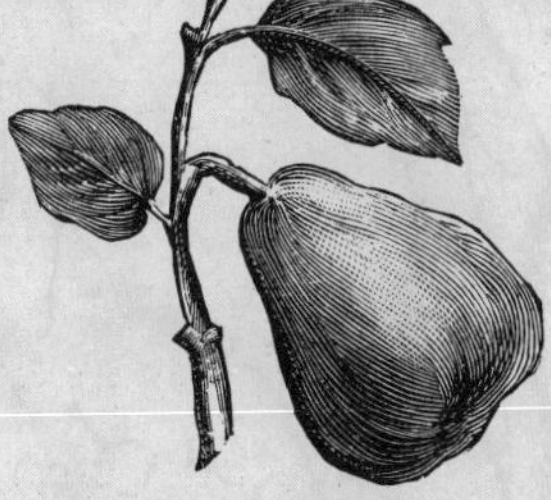

Birnenfrucht

Große Bohnen mit Speck

wie man sie in Ostfriesland zubereitet – auch Dicke Bohnen, Saubohnen oder Weiße Bohnen genannt.

1 kg weiße Bohnen, 500 g durchwachsenen Speck, 2 Eßl. Schweineschmalz, Salz, Pfeffer.

Die Bohnen etwa 4 Minuten lang abkochen, dann das Wasser abgießen. Mit frischem Wasser, Speck, Schmalz und nicht zuviel Salz wieder aufsetzen. Die Bohnen dürfen nicht ganz mit Wasser bedeckt sein.
Etwa 1 1/2 – 2 Stunden kochen lassen, wobei das Wasser ganz verkochen muß. Wenn nötig, etwas Wasser nachgießen. Dazu gibt es Salzkartoffeln.

Kasserolle

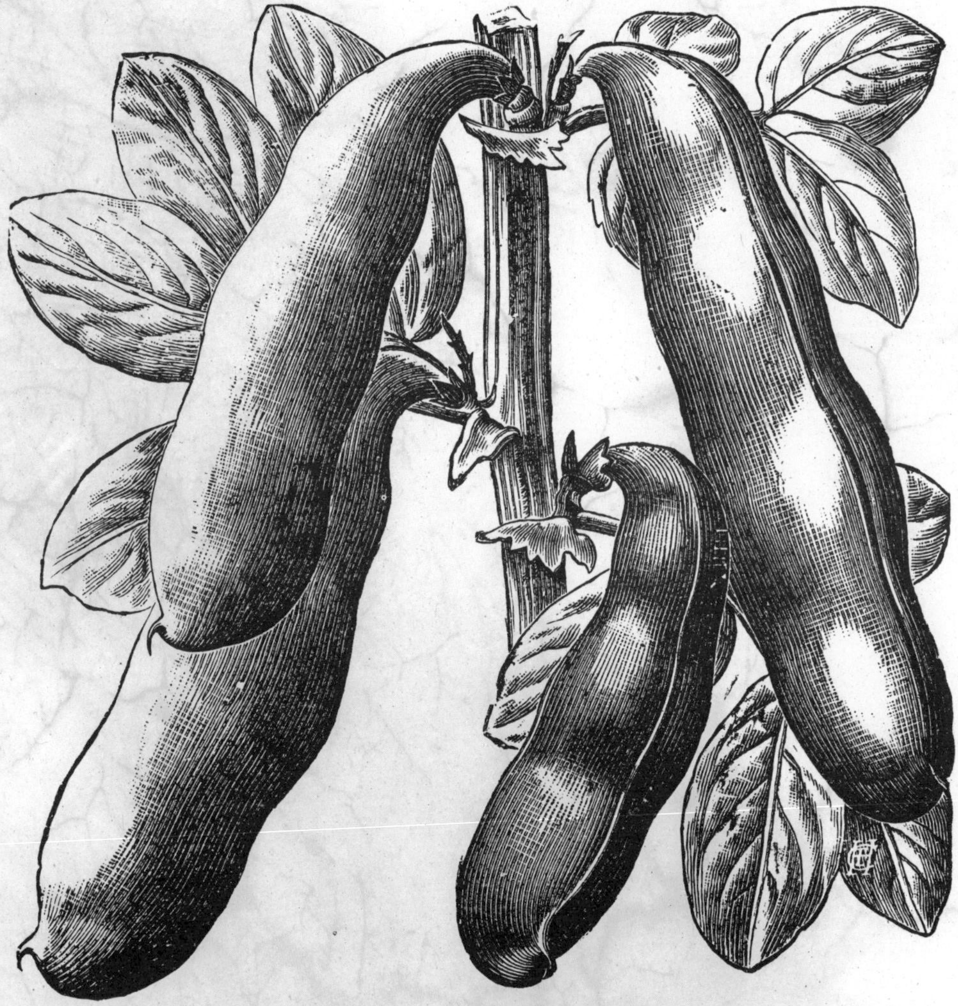

Dicke, Acker- oder Weiße Bohne

Graue Arten mit Speckfetten

auf hochdeutsch: Graue Erbsen mit Speck – ein Gericht, das man so nur in Ostfriesland kennt.

250 g graue Erbsen, 250 g fetter Speck, 2 große Zwiebeln, 40 g Butter, Salz.

Erbsen über Nacht in Wasser einweichen, dann in Salzwasser 2 – 2 1/2 Std. langsam garen lassen.
Speck in kleine Würfel schneiden, die Zwiebeln abziehen, in Scheiben schneiden und alles zusammen mit der Butter schön braun braten.
Sobald die Erbsen gar sind, diese Speckzwiebelsauce darübergießen.
Es ist nicht von Nachteil, wenn die Erbsen noch etwas naß sind. Meistens werden Salzkartoffeln dazu gegessen.

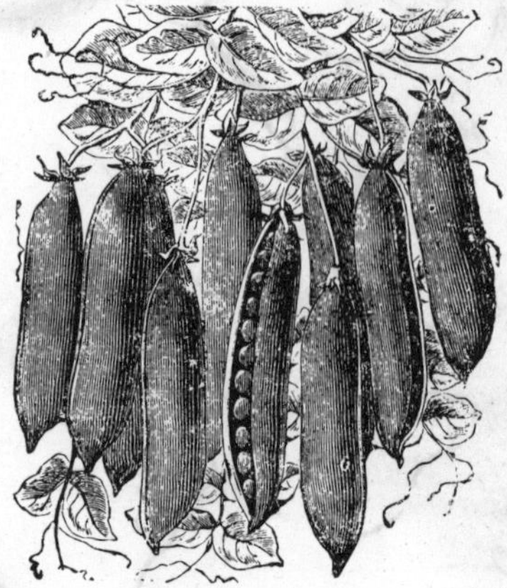

Erbsenschoten

Ostfriesischer Sniertjebraa

„Sniertjen" heißt soviel wie brutzeln, es handelt sich hier also um einen ostfriesischen „Brutzelbraten".

500 g Schweinenacken, 500 g Schweineschulter, Salz, Pfeffer, 60 g Schweinefett oder Butter, 2 große Zwiebeln, 1 Eßl. Mehl, 1/8 Liter Sahne.

Das Fleisch mit Salz und Pfeffer einreiben und im zerlassenen Fett von allen Seiten scharf anbraten. Etwas Wasser angießen und etwa 30 Minuten schmoren lassen.
Dann die abgezogenen ganzen Zwiebeln dazugeben und weitere 30 – 40 Minuten schmoren lassen.
Schließlich das Fleisch in Stücke schneiden, den Fond mit Mehl und Sahne binden und über das Fleisch gießen. Dazu pflegt man Salzkartoffeln sowie Rote Beete und Zuckergurken zu essen.
Zum Schluß gibt es einen hochprozentigen „Klaren".

Schmorpfanne

Ribkes met Surkoal

Rippchen mit Sauerkraut – eine westfriesische Schlemmerei! Die Rippchen werden „drei Tage gepökelt und weitere drei Tage zum Durchziehen kühl gestellt. Dann werden sie gewaschen und für einen Tag im Wind getrocknet. Nach einer Nacht in mit Eichenholz und Torf geheiztem Räucherkasten sind sie fertig zum Gebrauch!“

4 gepökelte und geräucherte Schweinerippchen (jeweils 150 g), 100 g Butter, 500 g Sauerkraut, 4 Zwiebeln, 10 zerstoßene Wacholderbeeren, 1 Schuß Weißwein, 8 Birnen, Pfeffer.

Die Butter in einer Pfanne auslassen und die Rippchen auf beiden Seiten kurz anbraten, etwas Wasser angießen, die Pfanne zudecken und 1/4 Std. auf kleiner Flamme schmoren lassen. Dann das nicht zu feuchte Sauerkraut mit den abgezogenen und grob geschnittenen Zwiebeln, den zerstoßenen Wacholderbeeren, Weißwein, reichlich Pfeffer und 1 Stück Butter in einen Topf geben und miteinander vermengen. Das Ganze etwa 5 Minuten schmoren lassen bis die Zwiebeln glasig geworden sind.
Schließlich die Rippchen mit dem Bratensaft darübergeben und noch einige Minuten bei mittlerer Hitze mitdünsten lassen. Zusammen mit den separat gekochten Birnen und Kartoffelpüree servieren.

Sauerkrautpresse

Swattsuer

oder „Schwarzsauer", ein nordfriesisches Gericht, das auch heute noch gern gegessen wird.

1 1/2 - 2 kg Schweinerippe und durchwachsenen Bauchspeck, 1 Liter Wasser, 1 Liter Essig, 1 Zwiebel, 10 schwarze Pfefferkörner, 1 Prise Salz, 1/2 Liter Schweineblut.

Das Fleisch in grobe Stücke schneiden. Wasser und Essig zum Kochen bringen und das Fleisch, die Zwiebel, Pfefferkörner und etwas Salz darin etwa 1 1/2 Std. garen.
Das Fleisch aus der Suppe nehmen und in Portionsstücke schneiden. Dann das Schweineblut unter Rühren langsam in die Brühe geben, zum Kochen bringen und mit Essig und Salz abschmecken. Je nach Geschmack eventuell auch etwas Zucker dazugeben.
Die Fleischstücke in die dickliche Brühe geben, kurz aufkochen und servieren. Dazu gibt es Salzkartoffeln oder Mehlklöße.

Dorfstraße auf der Insel Föhr

Ostfriesisches Pökelfleisch

Eine Spezialität mit Zuckergurken und Rosinensauce.

1–1 1/2 kg Rindfleisch aus der Keule, 2 Liter Wasser, 30 g Zukker, 30 g Salpetersalz, 250 g Kochsalz.

Aus Wasser, Zucker, Salpeter und Kochsalz eine Beize herstellen, kurz aufkochen und dann abkühlen lassen.
In einen Steintopf schütten, das Fleisch in Stücken hineinlegen und den Steintopf mit einem Holzbrett verschließen.
Mindestens 8 Tage stehenlassen – das Fleisch kann aber auch bis zu 4 Wochen in der Beize bleiben!
Wer möchte, kann gepökeltes Rindfleisch auf Bestellung auch bei seinem Schlachter bekommen.
Das Fleisch vor dem Verzehr in 4 Liter kochendem Wasser 2 1/2 Std. langsam ziehen lassen.
Dann in Scheiben schneiden und auf einer vorgewärmten Platte anrichten.
Dazu gibt es Salzkartoffeln mit Sahnemeerrettich, Rote Beete und Zuckergurken. Auch Rosenkohl oder Butterbohnen passen gut dazu, auf jeden Fall aber nachfolgende Rosinensauce:

100 g Butter, 3 Eßl. Mehl, 1 Tasse Rotwein, 3/4 Liter Pökelbrühe, Nelkenpulver, Muskat, Salz, Zucker, 100 g gekochte Rosinen, 2 Zitronenscheiben.

Die Butter auslassen und mit dem Mehl eine Mehlschwitze herstellen. Rotwein und Pökelbrühe angießen und mit den Gewürzen abschmecken.
Dann die gekochten Rosinen und Zitronenscheiben hineingeben und etwa 10 Minuten garziehen lassen. Vor dem Servieren die Zitronenscheiben entfernen.

Friesische Kuh mit Kalb

Westfriesischer Rindfleischtopf

nach einem alten westfriesischen Rezept – der geeignet ist, unangemeldeten Gästen „sehr schnell eine schmackhafte Mahlzeit zu bereiten".

500 g Bauchfleisch vom Rind, Salz, Pfeffer, Nelken, geriebener Zwieback, 2 Schalotten, 3 Lorbeerblätter, 1 Liter Weinessig, Roggenbrotteig.

Zunächst das Bauchfleisch abspülen, in daumenbreite Streifen schneiden und in einem steinernen Topf nebeneinander plazieren.
Salz, Pfeffer, Nelken, Zwieback sowie die abgezogenen und in feine Würfel geschnittenen Schalotten und Lorbeerblätter miteinander vermengen und über das Fleisch streuen. Darüber kommt wieder eine Lage Fleisch, dann wieder eine Lage Gewürze usw. bis der Topf bis 2 cm unter dem Rand gefüllt ist. Nun den Weinessig darübergießen bis der Inhalt gut bedeckt ist. Den Topf mit dem Deckel verschließen und „mit Roggenbrotteig luftdicht verschmieren". Dann kommt der Topf für 3 Std. bei 200 Grad in den vorgeheizten Backofen. Anschließend wird das Fett abgeschöpft, um es später zum Dünsten von grauen Erbsen oder Kohl verwenden zu können.

Dieses Gericht kann etwa 3 Wochen im Topf aufbewahrt werden und „ist geeignet, unangemeldeten Gästen sehr schnell eine schmackhafte Mahlzeit zu bereiten!“

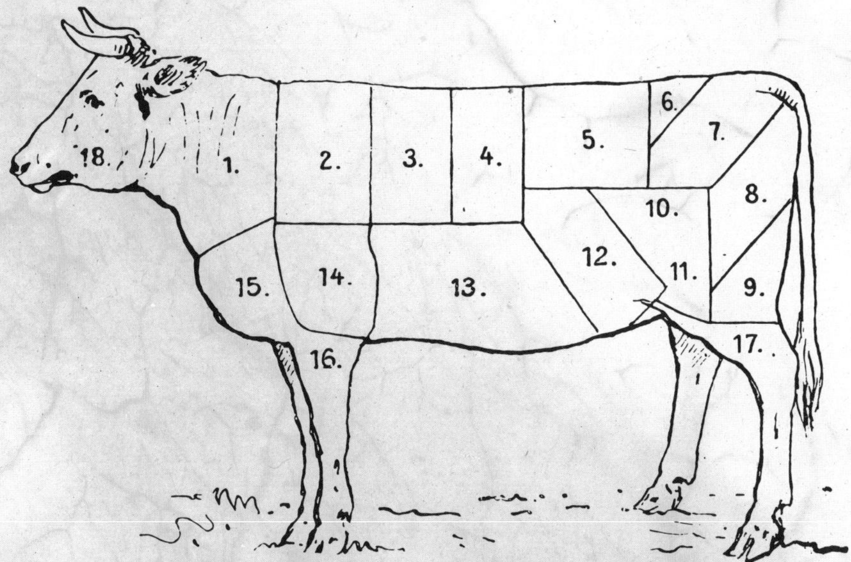

Einteilung eines Rindes:
1. Hals 2. Schulterblatt 3. Vorderrippenstück 4. Mittelrippe 5. Lendenbraten 6. Dickes Rostbeef 7. Schwanzstück 8. Mittelschwanzstück 9. Unterschwanzstück 10. Kugel 11. Unterweiche 12. Nachbrust 13. Brust 14. Blatt 15. Spießbrust 16–17. Beine 18. Kopf

Hammelfleisch mit Weißkohl

auf Föhrer Art in einer verschlossenen Puddingform im Wasserbad gegart.

1 kg Hammelfleisch (von der Brust), 1/2 Eßl. Salz, Pfeffer, 1 kg Kartoffeln, 1 kg Weißkohl, etwas Butter, 3 feingeschnittene Zwiebeln, 1/2 Eßl. Kümmel, 1/2 Liter Wasser.

Das Fleisch in 2 – 3 Zentimeter dicke Scheiben schneiden, klopfen und mit etwas Salz und Pfeffer bestreuen.
Die geschälten Kartoffeln in dicke Scheiben schneiden und mit kochendem Wasser kurz überbrühen.
Den Kohl schneiden und abwechselnd in eine gebutterte Puddingform je eine Schicht Fleisch, Kartoffeln und Kohl füllen. Über jede Schicht Zwiebeln und Gewürze geben. Die letzte Schicht muß Kohl sein. Zuletzt 1/2 Liter Wasser darüber gießen. Die Puddingform schließen und in kochendes Wasser stellen. Dann 3 Std. kochen lassen.

Weißkraut

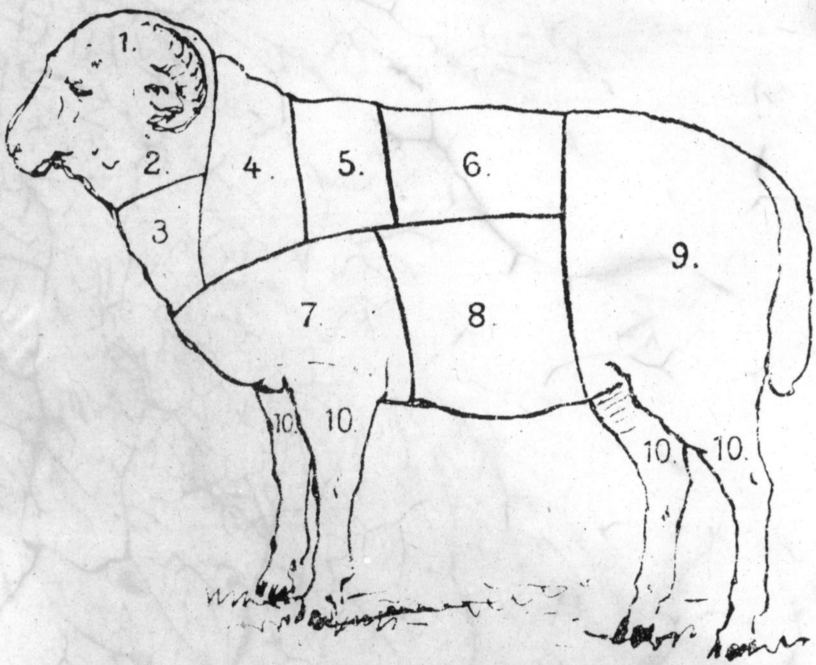

Einteilung eines Hammels:
1. Kopf 2. Hals 3. Bug 4. Dicke Rippe 5. Nierenstück
6. Rippenstück 7. Schulter 8. Bauchstück 9. Keule
10. Beine

Westfriesische „Tsjettelkost“

nach einem überlieferten Rezept von Großmutter „Beppe“!

1 kg Kochbirnen, 250 g getrocknete Erbsen, 100 g grobe Graupen, 750 g mageres Pökelfleisch, 1 Prise Salz, 1 kleiner Wirsing

„Die Birnen abbürsten, bis sie schön blank sind, und spiralförmig bis eben unter die Hälfte schälen. Mit viel Wasser in einem großen Topf etwa 3 Stunden kochen lassen.
Die getrockneten Erbsen einen Tag vorher einweichen. Dann mit den Graupen und einer Prise Salz gar kochen … Doch halt, Oma Beppe machte das ja ganz anders! Sie trug nämlich unter ihrem Oberrock weiße Leinenbeutel, aus denen sie immer Bonbos für die Kinder hervorzauberte. Diese Leinenbeutel waren an einem langen Band befestigt, das sie um den Bauch geschlungen hatte.
In jeweils einen dieser Beutel tat sie die Graupen, Erbsen und das Fleisch. Nach halber Kochzeit (nach 1 1/2 Std.) hing sie die knisternden Beutel in den Birnentopf. Und so gehört es sich auch! Wichtig ist, das der Beutel mit den Graupen nur halb voll sein darf, weil sie aufquellen.
Dann werden von dem Wirsing die abgelösten Blätter die letzte halbe Stunde in einem Netz mitgekocht. Wenn alles fertig ist, gibt man es in eine altertümliche, mit Blumen bemalte Schüssel – wirklich, das fördert den Geschmack –

und reicht krümelige Kartoffeln und ein Schüsselchen goldgelbe Buttersoße dazu. Dann soll die Tsjettelkost wohl schmecken!“

Bauernhof in Westfriesland

Kibitzeier mit Bauernsalat

„. . . westfriesische Art, das in einem friesischen Kochbuch natürlich nicht fehlen darf! Dafür sind wir als Kind in viele Gräben gestolpert und haben manche väterliche Ohrfeige riskiert und in Kauf genommen. Ich habe Freunde gehabt, die sie auf der Stelle ausgeschlürft haben. Aber man kann sie natürlich auch kochen und warm oder kalt essen“, berichtet der Verfasser dieses handgeschriebenen Rezeptes.

4 – 6 Kibitzeier, Gemüse (Blumenkohl, Möhren oder Porree) Feldsalat, Essig, Öl, Salz, Pfeffer, Weißkümmel, Gartenkresse.

Kibitzeier können sowohl kalt als auch warm gegessen werden. Will man sie warm essen, werden sie 5 – 6 Minuten gekocht, will man sie jedoch kalt essen, kocht man sie 8 – 10 Minuten.
Die Blumenkohlröschen, Möhrenstücke und der geschnittene Porree werden etwa 2 Minuten in kochendem Salzwasser blanchiert und anschließend mit kaltem Wasser abgespült. Abtropfen lassen und das Ganze mit Salz, Pfeffer, etwas Essig und Öl abschmecken.
Nun den gewaschenen Feldsalat in eine Schüssel geben und das vorbereitete Gemüse so darauf legen, daß in der Mitte etwas Platz für die Kibitzeier bleibt. Den Salat mit Weißkümmel und Gartenkresse garnieren und Roggenbrot mit Butter und Selleriesalz dazu reichen!

Nach westfriesischer Sitte werden Kibitzeier, wenn sie hartgekocht sind, in der Hand plattgeschlagen bevor man sie ißt. Niemand weiß warum das so sein muß! Es muß auch nicht, aber es gehört sich so!

Großblättriger Feldsalat

Möweneier

Früher, als es noch erlaubt war, Möweneier in den Dünen zu sammeln, waren sie für die Küstenbewohner immer etwas Besonderes. In der Zeit von Mai bis Juni konnte man sie finden und aß sie auf verschiedene Weise. Hier hartgekocht auf Brunnenkresse mit einer würzigen Vinaigrette.

100 g geschlagene Vinaigrette aus: 50 g gelierendem Kalbs- oder Geflügelfond, 8 g Sherryessig, 75 g Traubenkernöl (oder anderes hochwertiges Öl), 5 g fein gewürfelte Schalotten, 5 g gehackte Kräuter (Petersilie, Estragon, Kerbel), Salz, Pfeffer, 160 g Brunnenkresse, 8–12 Möweneier.

Zuerst die Vinaigrette für die Möweneier im Mixer zubereiten. Dazu Kalbsfond, Sherryessig, Öl und Schalottenwürfel mit den Kräutern hineingeben und gut verrühren, mit Salz und Pfeffer abschmecken. Es entsteht eine leicht dickflüssige Salatsauce, die Sie auch gut für andere Salate nehmen können. Doch sie darf nicht zu kalt gestellt werden, sonst geliert sie. Durch Erwärmen wird sie wieder flüssiger. Die Brunnenkresse zupfen, waschen, trockentupfen und jeweils als Unterlage für die Eier anrichten.

Schließlich die Möweneier 10 Minuten kochen, pellen und noch warm auf die Brunnenkresse mit der geschlagenen Vinaigrette geben. Dazu gibt's Vollkornbrot mit reichlich Butter und Radieschenstreifen.

Nachspeisen

Rode Grütt

die berühmte Rote Grütze – nicht nur in Friesland bekannt!

250 g Himbeeren, 250 g Erdbeeren, 250 g, Johannisbeeren, 250 g Kirschen, 250 g Zucker, etwa 100 g Speisestärke.

Die gewaschenen Früchte in einem Topf mit gut 1 Liter Wasser zum Kochen bringen, den Zucker hinzufügen. Dann die Früchte in ein mit Filterpapier ausgelegtes Sieb schütten und den Saft in einen darunter gestellten Topf laufen lassen. Zusätzlich mit Wasser auf 1 Liter Flüssigkeit aufgießen und aufkochen lassen. Die Speisestärke mit etwas kaltem Wasser anrühren, unter den Saft rühren und aufkochen lassen. Dann in eine gekühlte Puddingform gießen und kalt werden lassen.

Vor dem Servieren stürzen. Rote Grütze wird mit Milch, süßer Sahne oder Vanillesauce serviert.

Fruchtpresse

Ketelkoek

im Kessel Gekochtes, eine westfriesische Nachspeise, die mit zerlassener Butter oder dem „Fett aus einem Fleischtopf" und mit Sirup gegessen wird. Auch gehören in Scheiben geschnittene saure Äpfel dazu.

1 kg Buchweizenmehl, 2 Eier, 2 Teel. Hefe, 2 Eßl. lauwarmes Wasser, Milch, 60 g Butter, 2 Zwiebäcke.

Aus obigen Zutaten einen Teig herstellen und aufgehen lassen.
Den Teig in eine mit Butter bestrichene und mit geriebenen Zwieback ausgestreute Puddingform geben.
Diese dann gleichzeitig „im Topf beim Pökelfleisch" mitkochen lassen und wie oben beschrieben servieren.

Puddingform

Gerstengrütze

Eine weitere Variante der guten, alten Grütze, die man nur in den Küstenländern kennt, mal aus Buchweizen, mal aus Hafer oder aus Gerste, hier als süße Nachspeise mit den so typischen Rosinen und säuerlichen Äpfeln mit zerlassener Butter übergossen und mit Zimtzucker bestreut.

1 Liter Milch, Salz, 150–200 g Gerstengrütze, 100 g Rosinen (kurz in Wasser eingeweicht), 2 saure Äpfel, 80 g Butter, 2 Eßl. Zimtpulver, 4 Eßl. Zucker, 200 g Milch oder Sahne.

Die Milch mit einer Prise Salz aufkochen, Grütze unter ständigem Rühren einrieseln lassen, die eingeweichten Rosinen sowie die geschälten, entkernten und in kleine Stücke geschnittenen Äpfel zugeben, dann die Grütze am Herdrand ausquellen lassen. Zum Schluß die Butter zerlassen und über die angerichtete Grütze geben. Dazu Zimtzucker und Milch oder Sahne reichen.

Gerste

Verschleiertes Bauernmädchen

in der Tat weiß man auf Anhieb nicht, was sich bei dieser Nachspeise unter der Sahnehaube verbirgt: eine Schokoladenspeise oder etwa eine Grütze? Hier das Geheimnis:

300 g geriebenes Schwarzbrot, 100 g Zucker, 300 g Apfelmus, 1 Schnapsglas Rum, 1/2 Liter süße Sahne, 200 g feingeriebene Bitterschokolade, 100 g Himbeermarmelade.

Das geriebene Schwarzbrot mit dem Zucker und das Apfelmus mit dem Rum verrühren, die Sahne steif schlagen und die geriebene Schokolade unterziehen.
Dann schichtweise in eine Schüssel geben: zunächst die Schwarzbrotmischung, dann das Apfelmus, darüber die Schokoladensahne, wieder eine Schicht Schwarzbrotbrösel und zum Abschluß wieder Schokoladensahne mit einem Klacks Himbeermarmelade.
Statt der Sahne nimmt man vielfach auch mit Zucker gesüßten Quark.

Dickmilch

war früher auf den Bauernhöfen ein beliebter Nachtisch, der nicht viel Zutaten erforderte. Voraussetzung ist nur frische Kuhmilch, die 1 – 2 Tage an einer warmen Stelle in der Küche aufgestellt werden muß. Durch die Wärme wird der natürliche Säuerungsprozeß in Gang gesetzt, der die Milch eindicken läßt.

1 – 2 Liter frische Kuhmilch, zum Bestreuen: Zucker, Zimt, geriebenes Schwarzbrot oder Rosinen.

Die Milch möglichst schon in einzelnen Milchsetten an einen warmen Ort zum Säuern stellen.
Nach 1 – 2 Tagen wird sie dick und kann dann mit Zucker, Zimt und dem geriebenen Schwarzbrot oder den Rosinen gegessen werden.

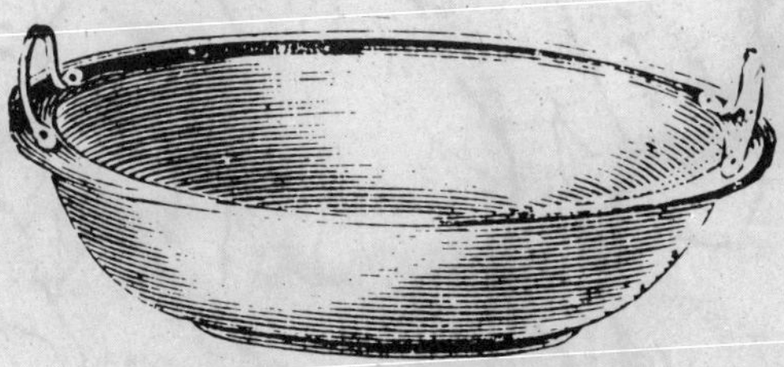

Dickmilchsette

Heidelbeerpfannkuchen

50 g Buchweizenmehl, 50 g Weizenmehl, 3 Eier, 1/8 Liter Wasser, 1/4 Liter Milch, 100 g Butter, 400 g Heidelbeeren, 5 Eßl. Zucker.

Aus den beiden Sorten Mehl, den Eiern, Wasser, Milch, 30 g zerlassener Butter und 1 Eßl. Zucker einen Pfannkuchenteig bereiten, 1 Std. quellen lassen und mit dem Stabmixer gut verrühren. Die Heidelbeeren waschen und trocknen.

Die Butter in einer Pfanne zerlassen, jeweils 1/4 der Masse hineingeben und in auf 200 Grad vorgeheiztem Ofen 2 Minuten anbacken (die Oberfläche darf noch nicht gestockt sein!), je 1/4 der Heidelbeeren darauf verteilen und gar backen. Schließlich mit Zucker bestreut servieren.

Oder die Pfannkuchen in der Bratpfanne von beiden Seiten backen, die gezuckerten Heidelbeeren einrollen und im Ofen kurz erhitzen, dann mit Puderzucker bestreuen.

Gebäck

Ostfriesische Pfeffernüsse

gab es für die Kinder immer am St. Martinstag. Um diese Zeit kehrten früher die Schiffe von der Seefahrt zurück und „legten auf". Das Vieh wurde aufgestallt, wohlgenährt und „maldarten" kehrte es vom Weidegang zurück. Die Ernte war vorbei und die letzte Feldarbeit geschafft. Da wurden die aus alter heidnischer Zeit überkommenen Herbst- und Erntefeste dem Wodan zu Ehren mit Singen und Springen, Essen und Trinken gefeiert. An die Stelle Wodans ist dann später der christliche Reitersmann St. Martin getreten.

2 kg Sirup, 125 g Gänseschmalz, 250 g Butter, 2 1/2 kg Mehl, 125 g süße Mandeln, 125 g Zucker, 125 g Sukkade, 75 g Pottasche, etwas Zimt und Nelken, etwas Rosenwasser.

Sirup, Schmalz und Butter zusammen aufkochen und in die kochende Masse die anderen Zutaten hineinrühren. Zuletzt die in ein wenig Rosenwasser aufgelöste Pottasche dazugeben.
Nachdem der Teig vier bis neun Tage oder länger gestanden hat und dabei täglich durchgeknetet worden ist, wird er aufgerollt und in streichholzschachtelgroße Stücke geschnitten. Auf einem Blech im Ofen etwa 10 Minuten backen.

Westfriesische „Ezelsooren“

zu deutsch „Eselsohren“, ein Spritzgebäck aus Westfriesland.

200 g Weizenmehl, 6 Eier, 1/4 Liter Milch, etwas Butter.

Obige Zutaten miteinander vermengen und einen Teig kneten. Den Teig in eine mit Butter ausgefettete Schüssel geben und auf einen Kessel mit heißem Wasser setzen, damit der Teig fest wird.
Dann in fingerlange und daumenbreite Stücke schneiden und in ungesalzener Butter backen.
An den Seiten werden zur Verzierung mit dem Messer Einschnitte gemacht und die „Eselsohren“ sind fertig.

Schüssel mit Schneebesen

Sünnerklaaskerls

ostfriesische Nikolausplätzchen – der Nikolaus, „Sünnerklaas" genannt, kommt hier für die Kinder auf einem weißen Hengst, für den sie dann einige Grünkohlstrünke auf das Fensterbrett legen.

200 g Butter, 3 Eier, 500 g Zucker, je 1 Messerspitze Zimt und Kardamom, 500 g Mehl, 1 Messerspitze Backpulver, 1 abgeriebene Zitrone.

Die Butter mit den Eiern und dem Zucker schaumig rühren und nach und nach die Gewürze sowie das Mehl unterrühren und durchkneten.
Den Teig eine Nacht stehen lassen, dann zur Rolle formen und in die mit Mehl ausgestäubten traditionellen Plätzchenformen drücken. Den überstehenden Teig abschneiden, die Sünnerklaaskerls vorsichtig herausnehmen, auf ein gefettes Backblech setzen und bei mittlerer Hitze hellbraun backen.

Gasbackofen um 1900

Nordfriesische Kindjeskoken

unter diesem Namen gibt es in Nordfriesland ein Figurengebäck, das aus braunem oder weißem Kuchenteig, manchmal auch aus Brotresten gestochen wird. Es gab sie, wie die Sünnerklaaskerls, ebenso zum Nikolaus oder zu Weihnachten. Dann wurden sie vielfach auch in den Tannenbaum gehängt. Wenn man sie nicht selbst herstellte, kaufte man „Kindjeskoken" auch auf den Weihnachtsmärkten.

250 g Mehl, 200 g Butter, 1 Ei, 250 g Zucker, 250 g geriebene Mandeln, etwas Rote-Beete-Saft zum Bemalen.

Die Zutaten miteinander verrühren und daraus einen nicht zu festen Teig kneten, dann einen halben Zentimeter dick ausrollen und die traditionellen Formen, die man nach Vorlagen und Schablonen auch selbst herstellen kann, vorsichtig ausstechen.
Die Figuren auf einem bemehlten Backblech hellbraun backen. Sie müssen dabei schön hell bleiben, damit man sie anschließend leicht mit einem feinen Pinsel und dem konzentrierten Rote-Beete-Saft bemalen kann. Es werden dabei die Umrisse und die Augen mit feinen Strichen aufgemalt.

Rullerkes

„Wiehnachten bakt jederman, Ostern de hett un kann, Pingsten de rieke Mann", heißt ein altes ostfriesisches Sprichwort.
Rullerkes oder Zimtröllchen gab es in Ostfriesland immer zu Weihnachten. Sie wurden schon vor dem Fest gebacken und in Blechdosen aufbewahrt.

250 g Butter, 500 g Zucker, 6 Eier, 10 g gemahlener Zimt, 800 g Mehl.

Die Butter zerlassen und schaumig rühren, nach und nach den Zucker, die Eier und Zimt dazugeben. Schließlich das Mehl hineinrühren und aus dem so entstandenen Teig kleine Bällchen formen.
Die Bällchen über Nacht stehen lassen und im Kucheneisen goldgelb backen. Die frischen flachen Plätzchen sofort nach dem Backen aufrollen.

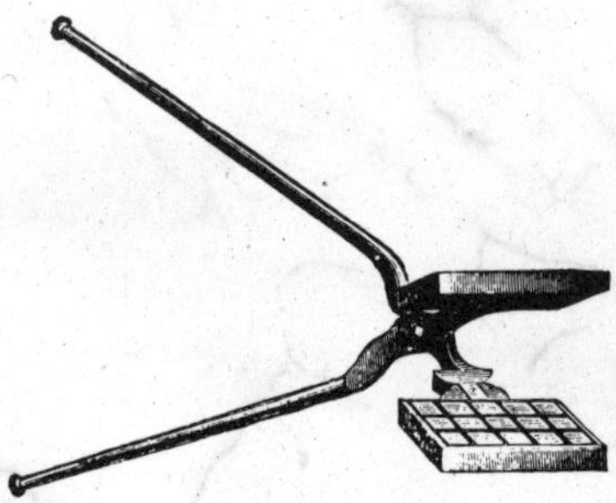

Kucheneisen

Nordfriesische Heißewecken

60 g Hefe, 1/2 Liter Milch, 1 kg Mehl, 125 g Zucker, etwas gestoßener Kardamom, etwas Salz, 250 g Korinthen, 400 g Butter.

Die Hefe mit etwas lauwarmer Milch anrühren. In einer Schüssel das Mehl mit dem Zucker, Kardamom, Salz und Korinthen verrühren, die restliche Milch, Butter und schließlich die Hefe dazugeben und zu einem Teig durchkneten. Warm stellen und aufgehen lassen.
Dann nochmals durchkneten, runde Plätzchen (8 cm Durchmesser) formen und auf einem gefetteten Backblech im vorgeheizten Ofen bei 200 Grad etwa 20 Minuten backen. Heißewecken werden möglichst heiß gegessen.

Nordfriesische Häuser

Ostfriesische Neujahrskuchen

Zur Jahreswende war es in fast jedem Haushalt in Ostfriesland Brauch, „Neujahrskuchen“ in besonders dazu bestimmten rundblättrigen „Neujahrseisen“, unseren heutigen Waffeleisen ähnlich, zu backen. Diese „Neejaarsisder“ auch „Knapkokenisder“ genannt, waren vielfach kunstvoll in schmiedeeiserner Arbeit hergestellt, wobei die Kuchenblätter inwendig mit dem Monogramm der Eheleute, dem Familienwappen oder anderen Emblemen des Berufes verziert waren, z. B. mit Schiffen, Windmühlen oder der Jahreszahl der Eheschließung.
Das Neujahrsglückwünschen begann mit dem Schlage 12 in der Sylvesternacht, wobei es besonders darauf ankam, dem anderen mit seinem Glückwunsch zuvorzukommen. Man nannte dies „Dat nee Jaar ofwinnen“. Am Neujahrsmorgen zogen die Kinder zu Nachbarn, Freunden und Verwandten, um „Vol Glück un Segen in‘t Neejaar“ zu wünschen. Sie bekamen dann ein paar Neujahrskuchen und manchmal auch ein Geldstück.

500 g Mehl, 250 g Butter, 1 Ei, 400 g Zucker, 2 Beutel Kardamom oder Anissamen, etwa 1 1/2 Liter Wasser.

Aus dem Mehl, der zerlassenen Butter, dem Ei, Zucker und Kardamom und dem abgekochtem Wasser einen weichen Teig zubereiten, der leicht vom Löffel fließt.
Das Waffeleisen wird erhitzt und mit einer Speckschwarte ausgerieben. Pro Waffel wird 1 Löffel Teig in das Eisen gegeben. Sobald der Dampf entwichen ist, ist die Waffel fertig gebacken.
Bevor sie hart wird, muß diese in die gewünschte Tütenform gebracht werden. In einer luftdicht verschlossenen Dose bleiben die Neujahrskuchen kroß und schmecken auch nach Wochen noch so gut wie am ersten Tag. Die angegebenen Zutaten reichen etwa für 100 Neujahrskuchen. Früher verwandte man statt Zucker aufgelösten Kandis.

Küche eines Friesenhauses Anfang 19. Jahrhundert

Westfriesische Neujahrsplätzchen

auch Knickerplätzchen genannt, die westfriesische Variante, aufgerollt und mit Sahne gefüllt.

500 g Mehl, 300 g Basterdsuiker (etwas feiner als normaler Zucker, gibt es in Westfriesland auch heute noch zu kaufen!) 200 g Butter, 2 Eier, 1 Eßlöffel gestampfter Anissamen oder 1 Teel. Kardamompulver, Salz, 3/4 Liter Wasser.

Die Zutaten mit dem Wasser zu einer sahnigen Masse verrühren und etwa 1 Stunde stehen lassen bis sie zu einem steifen Teig geworden ist.
Dann das vorgewärmte Waffeleisen mit Butter einpinseln und den Teig löffelweise in die Mitte geben. Die Waffel beidseitig schön braun backen, unmittelbar danach aufrollen und mit Schlagsahne füllen.

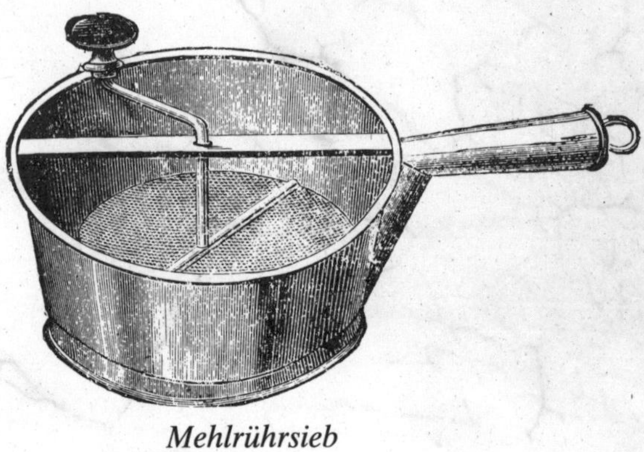

Mehlrührsieb

Ostfriesische Dreikönigssterne

Die Dreikönigssterne haben ihren Namen von einem alten Brauch. Am 6. Januar, dem Dreikönigstag, ziehen noch heute die Kinder, verkleidet als die „Heiligen Drei Könige“ von Haus zu Haus, um Süßigkeiten, Geld oder eben diese „Dreikönigssterne“ mit dem folgenden Lied zu „ersingen“: „Ik bin de lütje König, gewt mi nich to wenig, laat mi neet to lange stahn, ik mutt noch ’n Huus weiter gahn.“

375 g Sirup, 250 g Zucker, 150 g Schmalz oder Butter, 1 Teel. Koriander, 1 Teel. gemahlene Nelken, 1 Teel. feingeschnittene Apfelsinenschale, 50 g Zitronat, 1 kg Mehl, 1/2 Teel. Salz, 1 Teel. Pottasche, etwas Hirschhornsalz.

Den Sirup mit dem Zucker, dem Fett und den Gewürzen aufkochen und erkalten lassen.
Umrühren und mit den übrigen Zutaten verkneten. Den Teig zugedeckt drei bis vier Tage kühl stellen. Danach ausrollen und Sterne ausstechen. Bei 180 Grad etwa 15 Minuten auf dem Backblech backen.

Westfriesische Kerbeltorte

die Friesen waren immer auch für Süßes zu haben!

5 Eßl. Kerbel, 4 Eßl. Zucker, 1 – 2 Scheiben altbackenes Weißbrot, 8 Eier, 100 g Butter, 200 g kandierte Apfelsinenschale, etwas Zimt, 1/8 Liter süße Sahne.

Den gut gewaschenen Kerbel mit dem Zucker und dem feingeriebenen Weißbrot in einen Topf geben.
Dann die Eier verrühren, die geschmolzene Butter, Zucker, Zimt, die süße Sahne und die kandierten Apfelsinenschalen dazu geben und alles miteinander vermengen. Zu dem Kerbel geben und durchkneten.
Dann den Teig zu Streifen formen und auf einem Backblech kreuzweise übereinandergelegt schön braun backen.

Hallig

Altfriesischer Gewürzkuchen

ein ausgefallenes Rezept für die ehrgeizige Hausfrau!

500 g Honig, jeweils eine Messerspitze gemahlene Nelken, Muskatnuß, Ingwer und Pfeffer, 1 Teel. Zimt, 125 g Zucker, 3 Eßl. Rosenwasser, 200 g Mehl.

Den Honig in einem Topf auf kleiner Flamme schmelzen und die Kräuter, Zimt, Zucker und 1 Teel. von dem Rosenwasser hineinrühren.
Dann nach und nach das Mehl unterrühren bis ein Teig entstanden ist, der sich bereits vom Topf löst. Dabei darf der Teig auf keinen Fall zu heiß werden, die Hitze muß so niedrig sein, daß man mit der Hand noch in den Topf fassen kann.
Schließlich den Teig eine gute Viertelstunde durchkneten, in Form bringen und über Nacht stehenlassen.
Dann auf einem Backblech im vorgeheizten Ofen bei mittlerer Hitze anbacken, den Kuchen wieder herausnehmen, eine Weile abkühlen lassen und mit dem Pinsel mit dem restlichen Rosenwasser bestreichen. Den Kuchen wieder in den Ofen schieben und zu Ende backen.

Ostfriesische Knüppeltorte

ebenso eine ostfriesische Spezialität, die gern zum Tee gegessen wird.

6 Eigelb, 1/8 Liter saure Sahne, 250 g Zucker, 200 g Mehl, etwas Butter.
Für den Zuckerguß: 400 g Zucker, 300 g in Streifchen geschnittene Mandeln, 150 g Sukkade, 1 geriebene Zitronenschale, etwas gestoßene Vanille.

Eigelb, saure Sahne und Zucker miteinander verrühren, das Mehl dazugeben und zu einem lockeren Teig kneten. Ausrollen und in kleine viereckige Stücke schneiden und in der Schmelzbutter goldgelb backen.
Nun den Zucker in etwas Wasser aufkochen, die Mandeln, Sukkade, Zitronenschale und Vanille hineingeben, die gebackenen Teigstückchen schnell mit durchrühren und die Masse fest in eine mit Zuckerwasser ausgespülte glatte Form drücken.
Über Nacht kühl stellen. Die Torte dann stürzen, indem man die Form kurz in heißes Wasser hält.

Eierplätzchen

1 Ei, 60 Gramm Zucker, 100 Gramm Gries, 80 Gramm Mehl, etwas Backpulver oder Natron, Gewürze.

Zubereitung: Das Ei wird mit dem Zucker ½ Stunde schaumig gerührt, dann fügt man Gries und Mehl mit einer Prise Backpulver hinzu und außerdem etwas Vanille oder Zitronenschale oder Rum oder Zitronat als Geschmackszusatz. Der Teig wird in Zucker ausgerollt und mit kleinen Formen ausgestochen, auf einem gefetteten Blech goldgelb backen.

Griesplätzchen.

100 Gramm Gries, 6 Esslöffel Milch, 40 Gr. Fett, 100 Gr. Zucker, 1 Päckchen Vanillezucker. 100 Gramm Mehl, 1 Teelöffel Backpulver oder Natron.

Zubereitung: den Gries in der Milch weichen. Fett und Zucker schaumig rühren, dann das mit dem Backpulver vermischte Mehl darunter geben und gut verarbeiten. Kugeln formen, aufs gefettete Blech setzen. 15 Minuten bei mäßiger Hitze backen.

Teekuchen

Zum Tee wird in Friesland das anderswo als Butterkuchen bekannte Gebäck bevorzugt – man nennt ihn hier deshalb Teekuchen. Er entspricht so ganz dem Geschmack der Friesen.

40 g Hefe, 1/4 Liter Milch, 75 g Zucker, 400 g Mehl, 75 g Fett, 1 Prise Salz.
Für den Belag: 150 g Zucker, 150 g Butter, 50 g gehobelte Mandeln oder zwei Teelöffel Zimt.

Die Hefe mit etwas warmer Milch und etwas Zucker verrühren. Mehl in eine Schüssel geben, in der Mitte eine Vertiefung machen und die verrührte Hefe hineingeben, etwas Mehl darüber geben und zugedeckt eine Weile warm stellen.
Die restliche Milch, Zucker, Fett und Salz erwärmen und mit dem vorbereiteten Teigansatz verrühren. Kräftig kneten, bis er sich vom Schüsselrand löst und nicht mehr an den Händen klebt. Man sagt: „Hefeteig will gequält werden, umso besser und lockerer wird der Kuchen."
Den ausgerollten Teig gibt man auf ein gefettetes Backblech und läßt ihn so lange stehen, bis er etwa die doppelte Höhe erreicht hat. Vor dem Ausbacken setzt man Butterflöckchen auf den Teig und streut die gehobelten Mandeln und den

Zucker darüber. Man kann auch zerlassene Butter und Zukker mit Zimt auf dem Teig verteilen.
Der Kuchen ist in 10 bis 15 Minuten bei 200 Grad Backofenhitze fertig.

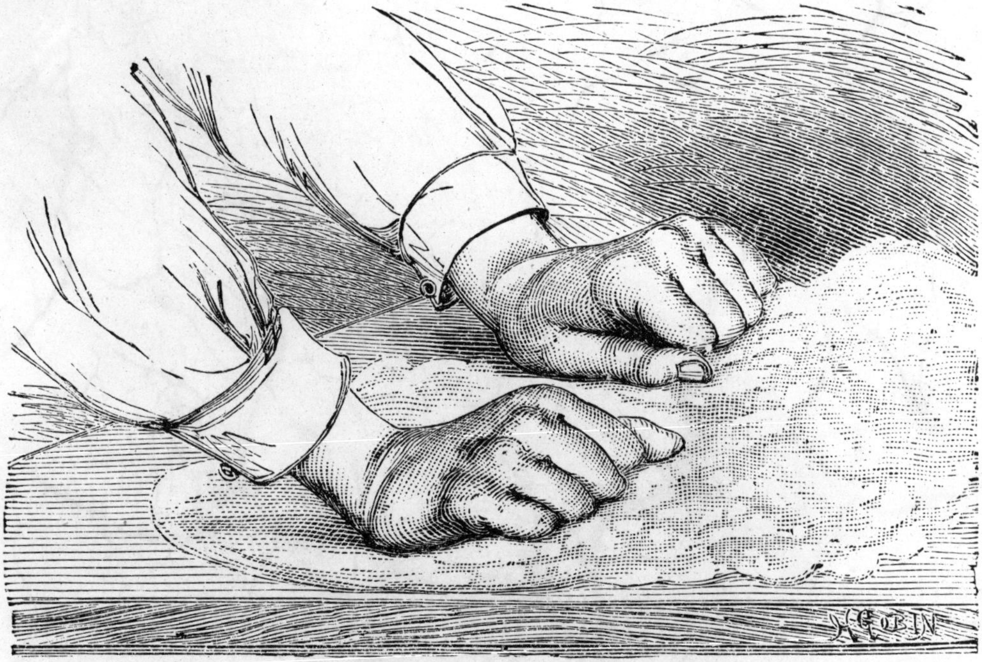

Kneten des Teiges

Getränke

Tee

Das Hauptgetränk der West- als auch der Ostfriesen ist der Tee. Er hat im 18. Jahrhundert das Bier als „flüssige Volksnahrung" verdrängt.
Auch in Nordfriesland bürgerte sich das Teetrinken ein. Um 1790 wurde das übermäßige Teetrinken bei den nordfriesischen Inselbewohnern als Laster und Luxus bezeichnet und mit höherer Sterblichkeit in Verbindung gebracht, doch konnte der Tee und seine Kultur in diesem Bereich der Nordseeküste bei weitem nicht die Bedeutung erlangen wie in Ostfriesland.
Wie sehr die Ostfriesen von ihrem täglichen „lecker Koppke Tee" abhängig sind, zeigt das Klagelied betagter Ostfriesen in den Weltkriegen: „Wenn wi keen Tee hebben, mutten wi starben!"
Die richtige Zubereitung des Tees:

Pro Person einen Teelöffel Tee in die vorher heiß ausgespülte Kanne geben. Frisches, sprudelnd kochendes Wasser aufgießen, bis die Blätter gut bedeckt sind. Den Aufguß – auf einem Stövchen oder Wasserkessel – höchstens fünf Minuten ziehen lassen. Dann soviel Wasser nachgießen, wie man Tassen bereiten will.
Zwei Stückchen oder ein größeres Stück Kandis in die – möglichst kleine – Tasse legen und den heißen Tee darübergießen. Mit einem flachen Löffel reine Sahne ringförmig auf den „Tee-

spiegel" legen, so daß ein Wölkchen entsteht. Genießer rühren den Tee nicht um, sondern trinken ihn „stufenweise" – erst das reine Tee-Aroma, dann die vollmundige Harmonie von Tee und Sahne und zum Schluß die Süße des geschmolzenen Kandisberges.

Teetrinken ist für die Friesen der Inbegriff von Zufriedenheit, Entspannung, von Gemütlichkeit und Gastlichkeit: „Wenn der durch ein Sieb gegossene Tee auf den Kandis trifft, klingt das Knacken und Knistern wie feine Musik, wie eine Einstimmung. Als Kandis noch in unterschiedlichen Größen hergestellt wurde, erhielten Besucher oder ältere Hausbewohner oft ein besonders dickes Stück, dessen Spitze wie ein Eisberg über den Teespiegel hinausragte. „Se meen dat goot mit Opa, de Kluntje keek baven to de Tee ut!"

Teeversteigerung im 19. Jahrhundert

Teepunsch

Man muß ihn sehr heiß trinken – kalt schmeckt er nicht!
In schwachen schwarzen Tee einen doppelstöckigen Köm geben und nach Belieben süßen.
In Nordfriesland wird er in kleinen, dünnwandigen Porzellantassen serviert.

Teestovke mit Deckel

Grog

neben dem Tee ist der Grog ein weiteres „Nationalgetränk" der Friesen. Für die Bereitung des Grogs gilt allgemein die Devise:
Rum *muß,* Zucker *kann,* Wasser *braucht nicht* zu sein!
Normalerweise nimmt man pro Person 2 cl Rum, süßt nach Geschmack und füllt das Glas mit kochendem Wasser auf.

Pharisäer

Der „Pharisäer" ist, einer Anekdote zufolge, auf Nordstrand entstanden, wo es einst einen sehr strengen Pfarrer gab, der es gar nicht gerne sah, wenn seine „Schäfchen" Alkohol tranken und auch laut dagegen von der Kanzel her predigte. Nun war es aber Sitte, daß zu Familienfesten wie Taufe, Hochzeit usw. der Pastor eingeladen wurde. Da nun die Nordfriesen auf ihren Rum nicht verzichten wollten, andererseits aus Respekt vor ihrem Seelenhirten nicht wagten, ihn öffentlich zu trinken, kam eines Tages jemand auf die Idee, den Rum in den Kaffee zu tun. Gesagt – getan! Von nun an füllte man bei den Familienfeiern die Kaffeetassen halb mit Rum und halb mit Kaffee, setzte, um den Geruch des Alkohols zu überdecken, eine Sahnehaube darauf und kam so ungestraft zum Alkoholgenuß, während der Pastor weiterhin nur Kaffee erhielt. Der wunderte sich zwar bei jeder Festivität aufs neue, daß alles um ihn herum immer lustiger wurde, kam jedoch lange Zeit nicht hinter das Geheimnis, bis es eines Tages geschah, daß im Eifer des Gefechts und erhöhtem Grad der Alkoholisierung seine Tasse vertauscht wurde und er nun auch eine Tasse des „veredelten" Kaffees erhielt. Voller Entrüstung rief er daraufhin: „Oh, ihr Pharisäer" und gab damit dem Getränk seinen Namen.

Eine große Kaffeetasse zur Hälfte mit frischem starken Kaffee füllen, nach Belieben Zucker und ein großes Schnapsglas Rum hinzufügen und eine Haube süßer, steifer Schlagsahne darübergeben.
Den Pharisäer nicht mehr umrühren und durch die Sahnehaube hindurch schlürfen.

In manchen nordfriesischen Gaststätten bekam man vom Wirt den 7. Pharisäer gratis, weil ihn sowieso keiner mehr schaffte. Das Getränk soll schon so manchen trinkfesten Mann umgehauen haben!

„Pharisäer"-Kränzchen

Selbsttätige Kaffeemaschine von 1890
mit Spiritusflamme, kippbarem Wasserkessel, Kaffeebehälter und Kanne.
Wird der Wasserkessel nach rechts gekippt, so verschließt der Flammendeckel automatisch die Spiritusflamme.

Ostfriesische „Bohnensuppe“

ist entgegen dem irreführenden Namen nicht etwa ein Eintopf sondern ein hochprozentiges Getränk, das bei vielen festlichen Gelegenheiten auch heute noch getrunken wird.

250 g Rosinen oder Sultaninen, 100 g Kandis, 1 l Branntwein

Die Rosinen waschen, in einen gut verschließbaren Steintopf geben, den Kandis darüber streuen und den Branntwein dazugeben.
Etwa 8 bis 14 Tage ziehen lassen und ab und zu durchrühren. Wenn man etwas Wein hinzufügt, wird das Getränk weniger stark!
In Ostfriesland gab es dieses Getränk früher immer bei der Geburt eines Kindes, beim sogenannten „Wievedag“, auch „Krâmvisite“ genannt:
„Eine alte Unsitte ist der ‚Wivedag‘, daß sich gleich nach der Geburt benachbarte Frauen zahlreich bei der Wöchnerin einfinden und sich gütlich tun. Das Gesprächsthema bilden natürlich alle Umstände bei der Geburt, die Vorzüge des Kindes, das geboren ist, der Streit, wem es am meisten ähnelt – ob dem Vater oder der Mutter. Die Priesterin in dem Heiligtum der Wöchnerin, die hinter sauberem Bedsprêt auf spitzenbesetztem Kissen ruht, ist bei der ‚Krâmvisite‘ die Hebamme, die nicht müde wird im ‚Bran(d)wienskop‘ den obligaten Branntwein mit Zucker und Rosinen zu mischen und denselben herumzu-

reichen, damit jede nach Belieben daraus löffle. Gebraucht wird dabei ein Löffel mit kurzem geraden Stil und kreisrundem Blatt. Die Hebamme selbst pflegt dabei mit guten Beispiel voranzugehen, auch die ‚Kramfrau' bekommt wohl einen Löffel voll, damit sie einen anderen Geschmack bekomme und besser schlafe, ja dem Säugling wird womöglich etwas Zuckerbranntwein auf die Lippen gerieben. Die silbernen blitzblank gehaltenen Branntweinschalen sind in den alten Familien noch vielfach als ehrwürdige Erbstücke vorhanden. Sie haben länglich runde Form, weitausbauchend, mit einem Fuß, verziert mit sinnvollen Ornamenten in getriebener Arbeit. Bei Haustaufen wird vielfach das Taufwasser hineingetan."

Verkosten der „Friesischen Bohnensuppe".

Westfriesisches „Aeibier“

ähnlich dem in den anderen Landesteilen ebenso bekannten Getränkes, welches im Grunde eine Abwandlung der bekannten Biersuppe ist. Eierbier war vor allem im Winter ein beliebtes Getränk.

1/2 Liter Braunbier, 1/4 Liter Wasser, Zucker nach Geschmack, 1 Messerspitze Zimt, 1 Eßl. Kartoffelmehl, 3 Eier, 1/8 Liter Milch oder Sahne, 1 Schnapsglas Genever.

Das Bier mit dem Wasser verdünnen, mit dem Zucker und Zimt aufkochen lassen und mit dem Kartoffelmehl binden. Dann das Eigelb mit der Milch verschlagen und unter Rühren dazugeben.
Schließlich den steifgeschlagenen Eischnee und den Genever hineingeben.

Milchkocher etwa 1880

Borrebier

Stammt von der westfriesischen Insel Terschelling und wurde früher beim Abrechnen mit den Bauern getrunken. Dazu gab es Roggenbrot mit Schweinebacke.

1 Liter Branntwein, 3 Liter altbraunes Bier, 500 g braunen Zukker.

Alle Zutaten zusammen in einem Kessel unter ständigem Rühren auf 90 Grad erhitzen.

Nordseeküste

Alderwetske Boerenkofie

auf hochdeutsch „altertümlicher Bauernkaffee“ – ebenso eine alt-westfriesische Spezialität.

3 Eigelb, 1/2 Teel. Zimt, 1/2 Teel. Muskat, Salz, 1 Eßl. Mehl, 1 Stückchen Butter, 1 Liter Bier (am besten Bockbier), 1 Tasse starken Kaffee, 250 g Zucker, 1/2 Tasse Cognac oder „Berenburg“.

Das Eigelb in einem großen Topf mit dem Zimt, Muskat, Salz, Mehl und der geschmolzenen Butter verrühren. Dann etwas kaltes Bier, den Kaffee und Zucker hinzufügen!
Nun das verbliebene Bier vorsichtig zum Kochen bringen – es schäumt heftig. Abschäumen, vom Feuer nehmen und abkühlen lassen.
Dann vorsichtig in den vorbereiteten Bieransatz rühren und das Getränk unter ständigem Rühren aufkochen lassen. Zum Schluß den Cognac hinzufügen.

Petroleumherd etwa 1890

Nordfriesischer Hof

Meth

noch um die Jahrhundertwende besonders auf westfriesischen Bauernhöfen gebraut:

„Man lasse in einen recht reinlichen, kupfernen Kessel 50–60 Liter weiches Wasser bringen. Ist dies ziemlich warm geworden, so werden etwa 6 Liter Honig hineingerührt, und man läßt Wasser und Honig recht gelinde 1 1/2 Std. sieden. Zeitweilig wird der schmutzige Schleim, der sich oben ansetzt, abgeschöpft.

Sobald dieser Sud dann so weit abgekühlt ist, daß er noch mehr Wärme hat als jenes Wasser, das in starker Sonnenhitze erwärmt wurde, so wird er in ein sehr sorgfältig gereinigtes Faß gebracht, der Spund wird darauf gelegt, aber nicht befestigt. Ist der Keller ziemlich warm, dann beginnt nach 5–10 Tagen die Gärung (‚wilde' Gärung ohne Hefezusatz). Nach ungefähr 14 Tagen wird dieser junge Meth in ein anderes Faß abgezogen – die auf dem Grund entstandene ‚Hefe' muß natürlich zurückbleiben. Im zweiten Faß dauert die Gärung ungefähr 10–14 Tage, und wenn der Honigwein ganz ruhig wird, daß man im Fasse nichts mehr hört, dann wird das Spundloch geschlossen. Nach 3–4 Wochen kann dann der Meth hell und trinkbar auf Flaschen abgezogen werden. Gut verkorkt und in kalten Sand gebracht, moussiert er in einigen Tagen ziemlich stark.

Dieser so zubereitete Meth ist nicht allein ein sehr gutes und kräftiges Getränk für Gesunde, sondern wird, da er leicht gekühlt gehalten wird, auch von Fieberkranken gern getrunken. Er hat allgemein einen Alkoholgehalt von 8–12 Vol. %.“

Die Kunst des Brauens etwa 17. Jahrhundert

Traditioneller friesischer Willkommenstrunk

Gute Freunde, angesehene Gäste und Verwandte werden in Westfriesland auf eine besondere Art willkommen geheißen, mit einem Willkommenstrunk, zu dem ein spezielles Glas ohne Fuß gehört, das in Friesland unter dem Namen „fûgeltsje“ bekannt ist. Dieser altfriesische Brauch, der heute wieder zu Ehren kommt, und sowohl im „Kantor“ als auch zu Hause durchgeführt wird, hat seine besondere, genau vorgeschriebene Zeremonie:

Der Gastgeber sorgt dafür, daß auf dem Tisch eine Anzahl „fûgeltsjes“ und die dazugehörige Flasche bereitstehen. Typisch friesisch ist ein „Sonnema Berenburg“ oder ein friesischer „Graen Jenever“.

Der Gastgeber und die Gäste nehmen nun jeder ein „fûgeltsje“ in die linke Hand. Der Gastgeber füllt die Gläser, setzt die Flasche nieder, gibt jedem Gast einen Text und beginnt die friesische Ansprache. Der Gast antwortet in der vorgeschriebenen Weise. Dann werden die Gläser geleert und umgekehrt auf den Untersatz niedergestellt.

Trinkspruch I

Gastgeber: *In Freundschaft und Treue heb ich dies Glas;*
dass Dein Herz sich erfreue am köstlichen Nass!
Gast: *Ich vergess' alle Sorgen, trink das Fûgeltsje leer,*
ein Prosit auf Morgen und Gesundheit, Mijnheer!

Trinkspruch II

Gastgeber: *Dir zum Wohle, mein Freund, sei mir gegrüsst!*
Gast: *Ein Trunk so als dieser das Leben versüsst!*
Gastgeber: *Lass das Fûgeltsje uns heben Dir, Gast, zur Ehr.*
Gast: *Auf ein glückliches Leben! Ich freue mich sehr.*
Beide: *Prost.*

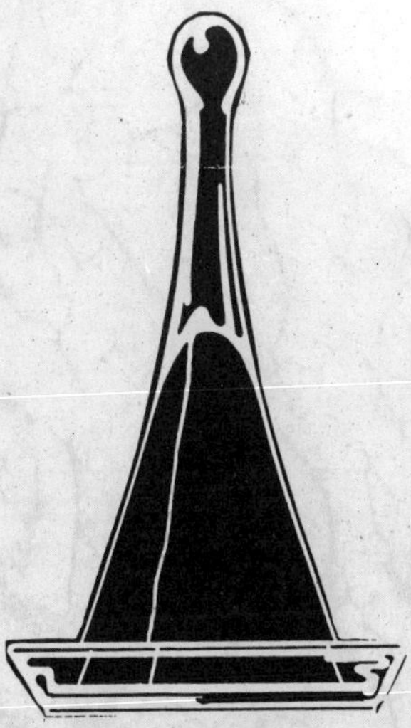

Fügeltsje

Für die freundliche Unterstützung bei der Beschaffung der Rezepte und der redaktionellen Arbeit danken wir im besonderen Frau Catharina Lüden, Wyk auf Föhr, und dem Verkehrsverband Leeuwarden, Niederlande.

In dieser Reihe erschienen:

Altbewährter Ratgeber für Haus und Hof

Köstliches aus der alten rheinländischen Küche

Köstliches aus der schwäbischen Küche

Köstliches aus der alten friesischen Küche

Köstliches aus der bayerischen Küche

Köstliches aus der alten Berliner Küche

Köstliches aus der norddeutschen Küche

Wie man sparsam zu haushalten pflegt

Köstliches aus der niedersächsischen Küche

Köstliches aus der alten westfälischen Küche

Köstliches aus der hessischen Küche